ダイバーシティ時代の
教育の原理

第二版

多様性と新たなるつながりの地平へ

Educational Principles in an Age of Diversity

Possibilities for New Relationships

藤田 由美子 ・ 谷田川 ルミ

編著

奥野 佐矢子 ・ 本多 みどり ・ 田渕 久美子

高橋 英児 ・ 二井 仁美 ・ 角替 弘規 ・ 岩本 健良

著

学文社

はじめに

　2017年に策定された「教職課程コアカリキュラム」に基づく2019（平成31）年度以降の教職課程においては，従来「教育原理」などの名称で開設されてきた「教育の理念並びに教育に関する歴史及び思想」に関する科目は「教育の基礎的理解に関する科目」の一項目に位置づけられた。本書の初版は，これに対応する教育原理のテキストとして，2018年に刊行されたものである。

　初版刊行時，教育現場においては，社会の格差の広がりに伴う子どもの貧困，特別支援教育への理解の深まり，グローバル化を背景とする外国につながる人々との共生など，さまざまな課題が顕在化しつつあった。また，学校教育のあらゆる側面に「二分法的なジェンダー」や「異性愛主義」が埋め込まれている状況，学校現場で外国につながる子どもや性的マイノリティの子どもなど多様な子どもたちへの支援が求められている状況があった。

　しかし，当時はジェンダーの視点から考える章をもつ「教育原理」のテキストは少なく，貧困や外国につながる子どもの教育課題を含めた「多様性」の視点を有するテキストはほとんどみられなかった。そこで，「ジェンダー」と「多様性」をキーワードに教育の理念・教育の歴史および思想について考えることができる「教育原理」テキストを刊行した。

　初版刊行からほぼ4年が経過した。ありがたいことに，初版は三刷を重ねることができた。社会においても，SDGs（持続可能な開発目標）という概念の普及など，「ジェンダー」「多様性」に対する認識が変化しつつあるように見受けられる。教職課程の学生をはじめ多くの学生が本書を手にとり，学びを深めていただけたのであれば幸いである。

　しかし，刊行以降も新しい教育施策が打ち出され，教育事象は常に変化している。また，教育にかかる新しい概念が生まれたり概念の変更もみられる。これらを反映するため，基本コンセプトと章構成はそのままに，最新情報を反映した第二版の刊行に至った。

本書の章構成については，初版からの変更はなく，以下の三部からなる。第Ⅰ部（第1章〜第5章）では，教育の思想および歴史について扱う。前半2章では，教育とは何かについて考え，教育思想の成り立ちについて理解を深める。後半3章では，ジェンダーや多様性の視点を取り入れた，西洋と日本の教育の歴史について理解を深める。第Ⅱ部（第6章〜第9章）では，教育の理念について扱う。教育課程とカリキュラム・マネジメント，子どもの権利，教育の公共性，および教育の機会均等の理念および課題について，ジェンダーおよび多様性の視点を織り交ぜつつ，考察を深めていただきたい。そして，第Ⅲ部（第10章〜第13章）では，現代日本の学校教育が抱える諸課題を扱う。現在も可視化されにくく社会的支援の網の目からこぼれやすいと考えられる，貧困家庭の子ども，社会的養育によって育つ子ども，外国につながる子ども，性的マイノリティの子どもが直面する困難について理解を深めるとともに，教育的支援の可能性について考えていただきたい。「教育原理」等の授業で使用されることを前提に，巻頭から読み進められるよう編集しているが，もちろん，関心のある章から読み始めていただいてもよい。

　ジェンダーと多様性の視点から教育を問うためのトピックは多岐にわたる。本テキストは，必ずしもそのすべてを網羅しているわけではない。残念ながら紙幅の都合により取り上げることができなかった諸テーマのなかから8項目をコラムでとりあげた。初版からの「特別支援教育」「児童虐待」「性教育」「地域社会」に加え，「子ども」「フリースクール」「夜間中学」「学校教育におけるDX」を新たに追加した。これらも，学習の一助にしていただければ幸いである。

　初版と同様第二版においても，教職を志す学生はもちろんのこと，教育学に関心をもつ学生，その他一般の読者の方たちにも本書を一読していただければ幸いである。本書が，教育の理念・歴史・思想について，「多様化」という社会の変化と関連づけつつ，さらに深く考える契機になれば幸いである。

2022年6月

編著一同

目　　次

引用文献の表示について

　本文中に挿入される引用文献表示について，欧文献の著者名がカタカ
ナ書きの場合（例（カント 2001：217））には，翻訳書からの引用であ
ることを示す。したがって，ここに示される発行年は翻訳書の発行年で
あり，原著の発行年ではないことに留意されたい。

第1章

教育とは何か

┌─ キーワード ─────────────────────────────
│ 教育，養育，人間，生理的早産，野生児，教育目的
│ 教育基本法
└──────────────────────────────────────

はじめに 「教育とは何か」を問い直す

　ダイバーシティ，多様性と新たなるつながり。それらを目指す教育原理のテキストの第1章で「教育とは何か」を問うとすれば，そこではいったい何が語られるべきだろうか。

　というのも，上記の問いに対して「そもそも教育とはこうだ」―こう答えたとたん，私たちはその教育のイメージにとらわれてしまうからだ。たとえば「教育とは何か」と問われて，学校教育を思い浮かべたとする。そこには教室があり，先生がいて，机と椅子が整然と並び，時間割があってテストがある。だが，当たり前の教育の日常にみえるその風景は，歴史的にみればごく最近成立したものである（第4章参照）。今日のような一斉授業が根付いたのは明治時代に入ってからだったし，時間割や試験といった慣習はその時期から定着したのである。

　はたして，今の教育を成り立たせている制度や方法，考え方などの中で，変わらないものや，当たり前のものなどあるのだろうか。むしろ，その考え方ややり方を「当たり前」と考える私たち自身のその思考の枠組みこそが，対象としての教育の「考え方」を限界づけているのではないだろうか。もしそうであるとするなら，「いま・ここ」だけの知識や学校のイメージで教育をとらえようとする限り，すぐに行き詰まりをみせてしまうだろう。教育について展開されている考え方の多くは，多様な考え方のひとつに過ぎないかもしれない―そう念頭におきつつ，本章では「教育とは何か」について読み解いていこう。

第1節 | 教育という営みは，どうとらえられてきたか

1. 教育の語義から，何が見えるか

「教育」という事象は，私たちがすでにそれぞれに多様な経験をもち，それに基づいて日常的に語っているものでもある。そうした場合，語源学が有用である。いったい，このことばの成り立ちを分析することで，どのような教育観がみえてくるだろうか。

まず「教育」ということばから取り上げてみたい。このことばは，「教」と「育」からできている。『大漢和辞典』(諸橋轍次著，大修館書店，1984年) によると，まず「教」は「爻と子」(長じた者に子が習う) と「攵」(かるくたたいて注意する，上から施す) とが合わさったものである。したがって「教」の一字で，教える，授ける，習う，学ぶ，を同時に意味している。次に「育」は，𠫓 (子をさかさにしたもの) と月 (にくづき) とが合わさったものであり，逆さになって生まれた子を，養い肉づけるという意味をもつ。これまで別々に使われていた「教」と「育」が合わさった「教育」という用例が登場した最古の事例は，中国の孟子 (前372–前289) が著作に記した「君子に三楽有り，・・・天下の英才を得て之を教育するは二楽なり」であるといわれている。ここから，単独の用例では「教える」と「養育」をそれぞれ意味する「教」と「育」が合わさり，時代を経る中で「養育」の意味合いが消え「教える」の意味合いのみが残ったと考えてよいかもしれない。少なくとも「教育」にはもともと，「養育」の意味合いが含まれていた時期があるとはいえそうである。

ちなみに，そうした「教育」が我が国の文献において一般的に見いだされるようになったのは，江戸中期以降，18世紀頃からであるという。家庭や学校 (寺子屋や藩校など) で広く，両親や教師たちが子どもや生徒たちに行う行為が，最終的に「教育」という漢語で言い慣わされるようになったとされる (石川 1976：65–80)。

西洋語の方からも，同様の知見が引き出されうる。すなわち，英・独・仏のeducation, Erziehung, l'education, は，いずれもラテン語に由来する。その語源

としてeducare（育てる）とするものとeducere（導く）とするもの，のふたつの説があり，前者の意味合いは植物や動物を「育てる，大きくする」という意味合いを含む。またドイツ語のErziehungは，ラテン語を直訳したものといわれているが，植物や動物の栽培や飼育を意味する動詞ziehenに由来する。こういったことから「教育」を意味するeducationの語源にも，「養育」の意味合いが読み取れる。

2. 教育対象としての「人間」とはどう描かれてきたか

　前節では「教える」「学ぶ」にとどまらない「養育」の意味合いが「教育」に含まれていたことを確認したが，この「養育」を具体的にイメージしようとすると，そうした手助けを必要としない生物について連想が働くだろう。たとえば出産後すぐに立ち上がり歩き出すキリンやシマウマの子どもや，孵化した直後に誰に教わるでもなく海を目指すウミガメの子どもである。それらに比べ，人間の子どもには多くの手間と時間がかかる。食事と住まいを与えるだけでなく，言葉，道徳，社会で生きるすべなど，身につけさせるべきことが人間の子どもにはあまりに多い。—しかしこうした考えの前提には注目すべき点がふたつある。ひとつは，動物と人間を比較し，人間の特殊性を考えようとしていることであり，もうひとつは，この特殊性によって「養育」から「教育」へ思考の比重が移っていることである。

　実は，人間の特殊性を明らかにしたうえで，そこから「教育」概念を拡張しその必要性を強調する考え方は，決して古くからあるものではない。その最初の思想家のひとりといえるのが，18世紀のドイツの哲学者カント（Immanuel Kant,1724-1804）である。カントが打ち出してみせた人間，およびその知の能力である「理性」に基づいた哲学は，それ以前に主流となっていた感性，あるいは神への信仰に基づく世界観によって構成された哲学とは180度異なるアプローチであったため「コペルニクス的転回」とも呼ばれた。これまで当然のように前提とされていた神や信仰に依らないとすれば，世界はどう把握できるのか。その際世界の現象を，現象の側からではなく，それを認識する人間の側から基礎づけ

ようと試みたカントの思想は「批判哲学」と呼ばれる。カントは『純粋理性批判』『実践理性批判』『判断力批判』の三批判を書いたのだが，その背後にあるのは，人間には普遍的に理性が備わっており，それを通じてすべての人間が真理を認識できるという考え方だった。人間は，一方では動物と同様に自然の特性をもち，他方には人間特有の理性という能力をもつ。そんな人間だからこそ必要な営みとして，カントは著作『教育学』(原著1803年) の冒頭で「人間とは教育されなければならない唯一の被造物である」(カント 2001：217) という言葉を残した。

　人間は「他の動物にみられない独自の社会的文化的生活を営んでおり，有機体としての成長をすすめる過程で，同時に，人間特有の社会的，文化的，精神的，人格的な発達をとげ，有機体としてのヒトから人間となっていく」(小笠原1992：15)。他の動物たちと比べて，種としての人間の特殊性を強調する上記のような考え方は，18世紀以降に到来する「人間中心の時代」に広く共有されることとなった。とりわけ20世紀に入ると，それらは発達研究をはじめとした心理学，文化人類学，生理学や生物学などをまたいだ「人間学」というジャンルとしてひとつのまとまりを示すまでになり，教育学において教育の本質や必要性を語る際に必要不可欠な世界観を提供した。

　たとえばスイスの動物学者ポルトマン (Adolf Portmann, 1897-1982) は，他の動物たちと比べて生理的に未発達な状態で生まれてくる人間の特性を「生理的早産」と呼んだ。生まれてすぐに立ち上がるシマウマやキリンといった哺乳類とくらべ，人間は，出生後1年近く経たなければ立ち上がったり歩行することができず，その間親たちの養育を必要とする「たよりない，能なし」の状態であるという。この能力差を，ポルトマンは本能を持っている動物と，人間との差であるとする。だがポルトマンは，この人間の本質的な脆弱さを，逆説的に可能性ととらえた。なぜなら本能に縛られた動物たちは，その本能に即応した環境でしか生きられないが，人間は本能による制約を受けないがゆえに，生きる世界を自由に創造できるからだ，と。

　動物の本能的な行動を「環境に制約された」とよぶならば，人間の行動は

「世界に開かれた」といわなければならない。この場合，このすばらしいこと
ばが意味するのは，人間の創造的な行動という偉大な能力のことであり，こ
れは，個々人が多かれ少なかれ，それ相応に使用することができる一つの宝
であり，またそれを浪費したり，あるいは埋もれさせたりできる一つの財産
でもある。

（ポルトマン 1961：91）

　こう述べるポルトマンの言葉は，人間だけに備えられた能力の開花が自由と
可能性につながっていること，それゆえにそうさせる教育が人間にとってどれ
ほど必要かを雄弁に語っている。
　では，本能を持たない人間が，養育や教育を受けることなしに育った場合，
いったいどうなってしまうのか。人間的な環境で育たなかった子どもたちの事
例として教育学で繰り返し参照されたのが一連の「野生児」研究である。
　野生児研究には，いくつかパターンがある。まず，①森などに遺棄されて自力
で生き延びた場合。次に，②人為的に社会から隔絶されて育てられた場合。それ
から，③野生の動物に育てられた場合である。①の代表例は，1799年に南西フラ
ンスのラコーヌの森で発見されたヴィクトールであり，医師で聾唖教育の専門家
であるジャン・イタールによる記録が残されている（イタール 1978）。②の代表例
は，1828年にドイツのニュルンベルクに現れたカスパー・ハウザーであり，これ
についても記録が残っている（フォイエルバッハ 1991）。③の代表例が1920年に
インド東部のカルカッタに近いミドナプールで発見されたアマラとカマラとい
う二人の少女である。これらの野生児研究の中で，とりわけ，③の事例が世界的
に有名となった理由は，上記の話に心動かされたアメリカの心理学者，ゲゼル
（Arnold Lucius Gesell）が後に『狼にそだてられた子』（原著1941年）を出版し，冒
頭に彼女たちの存在の動かぬ証拠として数枚の写真を掲載した上，発達心理学
の立場から人間の可能性と環境との連関について論じたことにあった。
　この事例からゲゼルが読み取ったのは，本能のない人間の環境への適応能力
だった。オオカミの子は人間に育てられてもその本能ゆえに人間にはなれない
が，人間の子はオオカミに育てられることでオオカミになることができる。動物

の種を超えて他の動物にまでなりうる可能性が人間に秘められていること，それゆえにふさわしい時期にふさわしい教育的働きかけがなければ人間としての発達に限界があることを示す格好のエピソードとして，二人の少女の事例は広まっていった。日本で1950年代以降に受容されたこの事例は，人間の可能性を開花させる教育の重要性を説くための逸話として大きな役割を果たしたのである。

3. いま求められる人間観の問い直し

　ただし今日においては，そのような特殊性を根拠とする人間観そのものの問い直しが進みはじめている。

　先述のアマラとカマラの事例についていえば，実在の写真や記録を検証し，ある心理学的な人間観を「神話」にするための作為の可能性がそこにあったという指摘がある（鈴木 2015）。あるいはアマラとカマラを救い出すためにオオカミを射殺するのは当然であるという考え方は，あまりにも人間を中心とした思想ではないかという批判もある（西平 2005）。これらの見方はいずれも，人間を特権的に扱おうとする思考が人間以外の他者を際限なく生み出していくことへの反省を促す視点や，人間だけが快適であればそれで良いのかという問いからひろく人間を含めた環境や世界へとつながる視点を与えてくれる。

　あるいは，そこで示されている人間のイメージがあまりにも固定的でステレオタイプであることも問題である。たとえば，先に示したポルトマンの著作では，人間も含めた霊長類の成長過程が描かれる際，養育者には「母」のイメージがつきまとう。

　　母親は，ときどきしがみついている子ザルを手で守るようにかこい，たびたび片手でささえはしても，子ザルは自分でつかまり，母ザルが樹から樹へととびうつってもおちないくらいに，しっかりつかまっている。母ザルがしずかにしている時には，子ザルは母親の体にまといつき，よじのぼったりする。母親の体が，この新しいサルの生活の「最初の樹木」なのである。

（ポルトマン 1961：31-32）

このような描写は,「哺乳類」という名称も相まって, 養育者＝母親という特定のイメージを読み手に与える。だが実際にこうした養育者＝母のイメージが一般化したのは, 産業革命期以後に誕生した「主婦」という近代的な役割により女性が家庭空間に包み込まれた後のことである (オークレー 1986：44)。反対に, 農耕において女性が主導権を握るミクロネシア社会では, 育児を積極的に担うのは男性である (須藤 1999)。日本の 11 〜 12 世紀頃の院政期においても, 武家の女性たちが経済的にも政治的にも強い権限をもっていたことが明らかになっている (久留島 2015)。こうした事例からわかるように, 養育者としての母というイメージをたったひとつの自然で自明のモデルとして規範化する視点は, 極めて狭い。歴史的・文化的につくりあげられた特定の生き方を, 自然で当たり前のものとして子どもたちに押しつけたり, 自分自身をそれで縛ったりすることは, 学びの空間を息苦しいものに変え, 多様な生を認め合う社会を作り出すことにはつながらないだろう。

第2節 ┃ 教育はどこに向かうべきか

1. 教育の価値指向性

前節では, 教育とは何かという問いかけについて語源的な部分から整理し, 次に教育観の前提となる人間観について分析した。本節では, この人間観と結びついた教育の目的・目標について考えてみたい。

今日, 教育とは「望ましい知識・技能・規範などの学習を促進する意図的な働きかけの諸活動」(『広辞苑』第六版) と定義されるとおり, 何らかの目的・目標をもつ意図的なものと一般的には理解されている。だが第1節で私たちが確認したとおり,「教育」にはもともと「養育」の意味も含まれており, 少なくとも「養育」には理想化された目標としての人間観は必要ではない。したがって「教育」は, 理想化された目的・目標と強固に結びついた時,「養育」の意味合いを離れ, その目的・目標が具体化されるほどに強制の度合いを強めていくことがわかる。

この教育観によせて, まずは教育における価値の構造を論じた教育学者とし

て村井実 (1912-) の議論を紹介したい。彼は，人間はみな「善くなろうとする意思」をもっており，それを手助けするのが教育だと説明した。村井によれば，親や教師といった大人の立場にある者は，教育を通して，子どもたちを何らかの「善さ」へと導こうとしている (村井 1987)。この見方をふまえるなら，教育の目的と目標が，「善さ」によって方向づけられるものであり，教育を遂行しようとする者にとっての「価値」もそこで問われることになる。

　ただしその価値は，それぞれの時代や文化によっても異なっているし，それがなぜ価値であるのかについての説明もさまざまである。とりわけ今日においては，教育の目的や目標の「価値」を説明する枠組みとして，社会や共同体が持ち出されることが少なくない。いったい，教育の目的・目標と社会との結びつきは，どのように扱われるべきだろうか。

2. 社会に規定される教育の目的と目標

　教育において教えることが大切だとされる内容やその規範となるものは，「教育的価値」と呼ばれる。本節では，この教育的価値とそれを取り巻く「社会」との関係について整理しておきたい。

　教育的価値は，それを価値であると承認する社会の存在，およびその社会において善きものとされる「社会的価値」と不可分である。なぜなら教育活動は，それを含む社会全体の営みのひとつであり，いずれはその社会の構成員となる子どもたちに対して身につけておくことが期待されている価値とも不可分だからである。ただし，そうして社会的価値と関わらせて設定される教育的価値は，その社会状況によって影響を受けやすく，可変的なものであることに注意しておかねばならない。

　一例として，日本の教育を方向づける根本的な法律である，教育基本法に注目してみよう。教育基本法が最初に公布・施行されたのは1947年であるが，2006年に全面改正されている (改正の経緯については第5章参照)。旧法が11か条であるのに対し，全面改正された新法は18か条になっている。また，教育の目的について書かれた第1条は以下のような違いがある。

旧法
前文
　われらは，個人の尊厳を重んじ，真理と平和を希求する人間の育成を期する
とともに，普遍的にしてしかも個性ゆたかな文化の創造をめざす教育を普及徹
底しなければならない。

（教育の目的）
第1条　教育は，人格の完成をめざし，平和的な国家及び社会の形成者として，
真理と正義を愛し，個人の価値をたつとび，勤労と責任を重んじ，自主的精神
に充ちた心身ともに健康な国民の育成を期して行われなければならない。

旧法の前文と第1条では「個人の尊厳」と「個人の価値」が尊重されるべき重
要な理念として規定されている。また「人格の完成」という目的が，「個人の価
値」を尊重する教育によって達成されるという理念がはっきりと示されている。
　それに対して，新法を見てみよう。

新法
第1章　教育の目的及び理念
（教育の目的）
第1条　教育は，人格の完成を目指し，平和で民主的な国家及び社会の形成者
として必要な資質を備えた心身ともに健康な国民の育成を期して行われなけれ
ばならない。

　旧法で「真理と正義を愛し，個人の価値をたつとび，勤労と責任を重んじ，
自主的精神に充ちた」と記載されていた部分が，新法では削除されている。代
わりに「〜として必要な資質を備えた」という文言が盛り込まれているが，こ
のことにより「個人の価値」の尊重から，国家優先の構造へ「教育の目的」に
大きな転換があったとされている（大内・高橋 2006）。
　この転換は，旧法と新法の第2条を比較することでよりはっきり見えてくる。
というのも新法第2条は，単に「方針」を示すにとどめた旧法と比べてかなり
長いものになり（浪本・三上 2007：35），第1条の「国家及び社会の形成者とし

旧法 （教育の方針）
第2条 教育の目的は，あらゆる機会に，あらゆる場所において実現されなければならない。この目的を達成するためには，学問の自由を尊重し，実際生活に即し，自発的精神を養い，自他の敬愛と協力によつて，文化の創造と発展に貢献するように努めなければならない。

新法 （教育の目標）
第2条 教育は，その目的を実現するため，学問の自由を尊重しつつ，次に掲げる目標を達成するよう行われるものとする。
1　幅広い知識と教養を身に付け，真理を求める態度を養い，豊かな情操と道徳心を培うとともに，健やかな身体を養うこと。
2　個人の価値を尊重して，その能力を伸ばし，創造性を培い，自主及び自律の精神を養うとともに，職業及び生活との関連を重視し，勤労を重んずる態度を養うこと。
3　正義と責任，男女の平等，自他の敬愛と協力を重んずるとともに，公共の精神に基づき，主体的に社会の形成に参画し，その発展に寄与する態度を養うこと。
4　生命を尊び，自然を大切にし，環境の保全に寄与する態度を養うこと。
5　伝統と文化を尊重し，それらをはぐくんできた我が国と郷土を愛するとともに，他国を尊重し，国際社会の平和と発展に寄与する態度を養うこと。

て必要な資質」を教育目的として列挙したものとして理解できるからである。

　旧法の「教育の方針」が「人格の完成」へ向けて「学問の自由」や「自発的精神」など自由な教育活動を保証しているのに対し，新法の「教育の目標」は第1条に掲げられた「人格の完成」の具体的中身としてとらえられる。その内容は，「豊かな情操」「道徳心」「勤労を重んずる態度」「公共の精神」「我が国と郷土を愛する」態度など，5つの柱，20もの徳目にわたっており，国民としてそれらの目的・目標を達成することが国から求められているのである。

　ちなみに，旧法から新法に改正される理由はどのようなものであったのか。たとえば中教審答申（2003年3月）では，「戦後の我が国の教育は，教育基本法の精神に則り行われてきたが，制定から半世紀以上を経て，社会状況が大きく変化し，また教育全般について様々な問題が生じている今日，教育の根本にまで

さかのぼった改革が求められている」と述べられている。

　この説明に従うなら，この国で教育を行う際，教育基本法については新法のみを参照すればよいということになる。その場合は，たとえば，改正された新法第2条に記されたさまざまな教育目標をそのまま受け取って，目の前の子どもたちに教え伝えるというやり方になるだろう。

　だが，もうひとつのやり方もある。それは，与えられた教育目的と教育目標を鵜呑みにせず，「なぜここが変えられたのか？」「このように変えられたことで，何が失われ，何が加えられたのか？」とひとつひとつ問いかけてみることである。ただし，改正後の新法のみを見ていては，そうした問いを立てることはできない。旧法に記されていた教育目的にも目を向け，両者を丁寧に比較し，失われた言葉，新たに付け加えられた言葉の双方に目配りすることで，新法「だけ」に記された言葉とは異なる教育目的について知り，考える可能性が拓かれる（第5章　発展課題②参照）。

　大切なことは，考え方は一つではないと知ること，それ以外の選択肢がありうる可能性について考えるということである。なぜならそのことは，私たちが，個々の子どもたちとの具体的なかかわりの中でどう教育するかを考えるだけでなく，教育とは何かを考える自由を新法をふまえながらも確保することに通じるからである。

おわりに　多様な生に向けて

　今日の教育について展開されている考え方において，変わらないものや当たり前のものなど無いかもしれない――本章の冒頭でこのような不確かな感触から始められた「教育とは何か」の問い直しの作業。その一連のプロセスを通じて，私たちはあることに気づく。それは，ある物の見方，考え方を「これこそが当たり前だ」とか「自然だ」という理由で無批判に受け入れる私たちのその態度こそが，私たちのものの見え方を固定化させ，ひるがえってその見方で世界を制限し，結果としてそこでの私たちの生き方を狭めていくということだ。

　ただしこの気づきは，ただちに私たちを自由にしてくれるわけではなく，何

Ⓒ羽海野チカ／白泉社
出典：羽海野チカ（2012：120-121）（『3月のライオン』7巻）

をしてよいかわからない不安を私たちにもたらす。

　この自由と不安はしかし，子どもたち自身のものでもある。「ねぇ先生，私た
ちこの先生きてて何かいい事あんの？」「頑張ればいいことあるってそんな保証
もないくせに，がんばれがんばれってそれおかしくない？」（羽海野2012：114-
115）──将来への漠然とした不安をいじめに転嫁し，加害者でありながら形式的
にしか謝罪しない女子生徒に，「何をしたか自覚してもらうことも仕事のうち」
とつぶやきながら，なお粘り強く関わろうとする教師の姿は，だからこそリア
ルなのである。

[奥野佐矢子]

●発展課題●
① 教育的行為や学校現場のしきたりなどについて，私たちがつい「当たり前だ」とか
　「自然だ」と思い込んでいることがらはないだろうか。考えてみよう。

② 引用・参考文献に挙げられた野生児についての記述を読むと，そこには彼らと対比されるかたちで「人間とはこうあるべき」という理想像が暗黙の前提となっていることがわかる。それはどんな人間モデルだろうか。読み解いてみよう。

--- **お薦め漫画** ···

羽海野チカ『3月のライオン』白泉社

　交通事故で家族を失い，父の友人である棋士に引き取られたのち15歳でプロ棋士になった少年。彼とその周囲の人々が，それぞれに手探りで生きる日々の積み重ねの描写がリアル。今日的な人間形成を考えるヒントに。

···

引用・参考文献

羽海野チカ (2012)『3月のライオン』7巻，白泉社．

オークレー，A.著，岡嶋茅花訳 (1986)『主婦の誕生』三省堂．

石川謙 (1976)『近世日本社会教育史の研究』青史社．

イタール，J. M. G.著，中野善達・松田清訳 (1978)『新訳アヴェロンの野生児―ヴィクトールの発達と教育』福村出版．

大内裕和・高橋哲哉 (2006)『教育基本法「改正」を問う』白澤社．

小笠原道雄 (1992)「教育の本質と教育目的」上原貞雄・三好信浩編『教育原論』福村出版．

カント，I.著，加藤恭史訳 (2001)「教育学」『カント全集17』岩波書店．

久留島典子 (2015)「中世社会とジェンダー」久留島典子・長野ひろ子・長志珠絵編『歴史を読み替える　ジェンダーから見た日本史』大月書店．

シング，J. A. L.著，中野善達・清水知子訳 (1977)『狼に育てられた子―カマラとアマラの養育日記』福村出版．

鈴木光太郎 (2015)『増補 オオカミ少女はいなかった』ちくま文庫．

須藤健一 (1999)「母系社会の男と女」『創造の世界』109号，小学館，pp.60-85．

浪本勝年・三上昭彦編著 (2007)『「改正」教育基本法を考える―逐条解説』北樹出版．

西平直 (2005)『教育人間学のために』東京大学出版会．

フォイエルバッハ，A. v.著，中野善達・生和秀敏訳 (1991)『カスパー・ハウザー―地下牢の17年』福武書店．

ポルトマン，A.著，高木正孝訳 (1961)『人間はどこまで動物か―新しい人間像のために』岩波新書．

村井実 (1987)「『善さ』とはなにか」『村井実著作集2』小学館．

第2章

教育を支える思想の潮流

┌─ **キーワード** ─────────────────────┐

近代教育，世界図絵，タブラ・ラサ，消極教育，民主主義，
文化再生産，公共性，産婆術

└──────────────────────────────┘

はじめに

　教育思想とは，何だろうか。それは，教育という事象についての何らかの反
省意識である。ただし，教育という事象は単体で存在するわけではなく，教育
される人間や，教育を行う社会といった他の要素との関係を不可避的に含み込
む。したがって教育への反省意識とは，ある時代や状況がこれまでとは異なる
局面を迎え，個人と社会との関係が揺らいだ時，新たな方向づけを求めて模索
されるものといえるだろう。

　ただしこの「個人と社会との関係」という見方そのものが，ある時代区分に
即したものであることをここで改めて確認しておきたい。「個人」がはっきりと
意識されはじめ，その結果個人と，それを含む社会の関係がどのようにあるべ
きかという問題が浮上してくるのが西洋近代の時代，すなわち18世紀頃からの
ことである。それに伴って，両者を取り結ぶ教育の役割が注目されて，教育学
というひとつの学問領域が確立されるに至る。それ「以前」にさかのぼってみ
れば，そこには教育されるべき「個人」も思想の対象である「教育」も，まだ
はっきりしていない時期の教育思想が見いだされる。逆に，近代教育学成立期
「以降」へと時代を下っていくと，教育思想を成立させている「個人」や「社
会」，「学校」といった概念そのものに反省が加えられるようになっていく。

　本章ではこのような考えのもと，教育思想の成立期として重要な18世紀西洋
近代教育思想を中心として，「それ以前」と「それ以降」を加えた三部構成で教

育を支える思想の潮流を追っていきたい。

第1節 | 近代教育成立以前の教育思想

本節では，18世紀以前の教育思想を扱う。その特徴のひとつは，思想の対象である教育が，自律したものとして扱われていない点にある。だからその時期の教育は，政治との関係や，家庭や家族の維持管理との観点から，あるいは信仰の問題と絡めて語られる。本節の最後に取り上げるコメニウスの思想を通じてようやく，政治や家政や信仰といった他領域と切り離された，教育という反省の対象が徐々に浮き彫りとなりはじめる。

1. 政治と関係づけられた教育思想 ─古代ギリシアの思想家たち

ここでは，古代ギリシアにおける思想家たちの教育観を取り上げたい。まずは哲学者ソクラテス（Sōcratēs, 前470/469-前399）についてである。彼が生きた時代はアテナイの全盛期から斜陽期にかけてであり，当時の人々は経済的な繁栄を享受する一方，ポリスを結びつけてきた伝統的な価値観の揺らぎにも直面していた。ソクラテスにとって教育とは，人々にポリスの市民としての生き方を自覚させる政治活動の一部だったのである。

その教育観は，当時の独特の世界観に支えられている。ソクラテスにとって「学ぶ」とは，魂の過去生での経験の「想起」である。だから教育の任務は，適切な問いを投げかけることによって，過去生ですでに持っていながら現世で忘却している経験を想起させることにある。智者による巧みな問いかけに導かれ，召使の少年がピタゴラスの定理を発見するシーンが『メノン』に描かれているが，こうした働きかけは，智者に問いかけられて自らが知らないことを知らないと自覚することから始まる。この「無知の知」こそ，知を愛し求めようとする衝動の源であり，「産婆術」という教育的働きかけが有効に働く必須条件なのである。

一方，そのソクラテスの弟子であるプラトン（Platōn, 前427-前347）は，「哲人

政治」を担うことのできる統治者の育成の可能性を模索した。そのきっかけは，師であるソクラテスの裁判と死刑であり，手続きは正しくても結果として誤った決定がなされる政治制度への深い失望だった。哲人政治を担うことのできるのは，徳のある治者でありながら思慮もあわせもつ智者である。そうした統治者を育成するために，プラトンはのちにアカデメイアという教育機関を設立する。

　アカデメイアのカリキュラムは予備的なプロパイデイア（教養教育）からパイデイア（哲学的探求）へと段階的に構成され，まず予備的な学問として算数，幾何学，天文学，音楽理論などの数学的諸科学を学んだのち，最後に哲学的問答法を学ぶ仕組みになっていた（プラトン 1979）。それは，洞窟に囚われた囚人を解き放つために弱い光から強い光へと徐々に目を慣らしていくように，人間の魂が徐々にイデア（観念）の世界に順応することを意図するものだったのである。

2.　体系的な教育学の始祖 ─コメニウス

　古代ギリシアの教育思想は，理想的な政治空間を実現するための政治活動の一部として構想された。そこから時代は下り，宗教的な世界観と結びついた教育思想に触れておこう。思想家の名はヨハネス・アモス・コメニウス（Johann Amos Comenius, 1592-1670），プロテスタント系教団で育ち，のちにその指導者となった宗教家である。

　コメニウスの生きた17世紀の中央ヨーロッパは，混乱期にあった。凶作と飢饉，ペストの流行，三十年戦争などの戦禍によりヨーロッパ全土が荒廃していたうえ，信仰する宗派によってさまざまな対立があった。加えて「科学革命の時代」といわれた当時に登場した地動説は，それまで長らく天動説を唱えてきたキリスト教の世界観に大きな衝撃をもたらした。17世紀中央ヨーロッパは政治的にも思想的にも混沌としており，思想や世界観の対立などで迫害や虐殺などが絶えなかった。

　あまりにも悲惨な現状の救済の担い手としてコメニウスが期待を寄せたのが，子どもたちだった。人間が負う原罪がまだ顕在化していない存在である子どもの教育こそ，この世界を善きものにするために新たに構想されるべきだと

コメニウスは考えた。その新たな教育のヴィジョンとは「すべての人に，すべてのものを，全面的に」—すなわちどんな階層の子どもも性別によらず受けられる学校教育，そして世界の「すべて」を網羅する教育内容だった。

　上記のコメニウスの主張を支えるのは神学的世界観であり，人間は「神の像」に基づくため「知識・徳行・敬神」の可能性を秘めているという確信であった。「教育されなくては，人間は人間になることができないのです」（コメニュウス1962, 1：81）—こう明言するコメニウスにとって，神に与えられた可能性を十分に開花させることこそが，あらゆる人に与えられた使命すなわち「人間になる」ということだった。そこでは階級や性差といった人間のもつ差異は問題にならなかった。

　具体的な教育方法として採用されたのが「教科書」である。その背景には，15世紀頃実用化され，宗教改革とともに急速に広まった活版印刷術というテクノロジーの進化があった。コメニウスが執筆した複数の教科書の中でも最も有名なのが，子ども用に執筆された世界初の絵入りの教科書『世界図絵』（原著1658年）である。「世界」において重要な事物や事柄が図像と説明文で示され，世界のすべてが直観的にわかるよう工夫されている。ちなみに，『世界図絵』に記載されている知識体系は「汎知学（パンソフィア）」によって選別され，キリスト教的世界観に基づいた自然界や人間界のあらゆる事柄が網羅的にまとめられ，目次は「1. 神」から始まり，「50. 最後の審判」で終わっている（コメニウス1995）。さらにこれらを体系的に教授するための教育方法も同時に模索されており，『大教授学』には一斉授業や学年制，学習者の動機づけの方法や規律の重視なども盛り込まれていた（コメニュウス1962）。

　汎知学とは，自然，人間，神についての統一的な知識体系であり，それを子どもたちに伝えることで，神が創造した宇宙全体を貫く秩序が人々の間に知らしめられ，世界に和をもたらすと期待された。コメニウスにとって教育とは，神の創造した宇宙全体を貫く秩序と人間の内にある小宇宙とを調和させる，希望の試みだったのである。

第2節 | 近代教育思想の成立

　前節では，教育がまだ自律したものとして扱われていない時期の教育思想を取り上げた。本節では，近代教育思想の代表的なスタイルを取り上げる。近代とは，世界に関する真理が，神と信仰によってではなく，人間自らの認識と理性によって与えられると考えはじめられた時代である。その人間の可能性にどのように関わるべきかが，近代教育の課題となるのである。

1. 有徳で勤勉なジェントルマンの育成 —ロック

　前節において17世紀中央ヨーロッパの荒廃ぶりについて触れたが，イギリスにおいても17世紀は混乱の時代だった。ピューリタン革命，名誉革命と宗教的背景をもつ内戦が次々に勃発し，国王と議会が対立を繰り返していた。内戦と政治上の混乱の果てにイギリスが選択したのは，議会による王権の制限を伴う立憲君主制だった。カトリック絶対王政を目指した国王をフランスに追放したイギリスは，プロテスタント国家の立場から，カトリックと絶対主義の結びつきによる専制主義の対極である，個人の自律を守る啓蒙思想を花開かせていった。啓蒙思想家たちの中でも最も重要な人物が，ジョン・ロック (John Locke, 1632-1704) である。抵抗権を含む社会契約説，国家からの教会の分離と宗教的寛容，生得観念の否定，経験主義的認識論といった彼の思想の骨子は，既存の政治的・宗教的権威への批判として，イギリスを超えてヨーロッパ18世紀啓蒙思想のモデルとなった。

　ロックの教育思想は，当時すでに同時代の啓蒙主義教育論として評価されていた。彼の著作『教育に関する考察』（原著1693年）（以下『教育論』と略記）は，ロックが友人に宛てた子育てのための書簡を基としたものである。ちなみに，これまでの子育て指南書は，体系化された知識の獲得や社交界で必要なマナーや作法を重視したものであった。それに対してロックの『教育論』は，将来ジェントルマンとなる子どものために，衛生や習慣形成，しつけなどの徳育，最後に各学問の知育を扱う章が配列され，知識の前に内面的な徳，その前に学習のた

めに必要な習慣形成と段階的な学習を促すという意味で新しかったのである。

　その背後には,「白紙状態 (タブラ・ラサ)」になぞらえられた人間観があった。「子どもは…思い通りに鋳型にはめたり形を整えたりする蜜蝋のようなもの」(ロック 2011：295),「十人のうち九人までは, 善人になるか悪人になるか, 有能になるか無能になるかは教育によって決まる」(ロック 2011：5) といった言葉からもわかるとおり, ロックは神から与えられた生得的な能力を絶対的なものとは見なさなかった。その立場は, キリスト教的神学観を背景とする生得的観念説を退け, 後の教育によっていかようにも陶冶できる子どもの可塑性に可能性をみいだすものであった。

　「イギリスのジェントルマン」のための教育論と但し書きされていたはずの『教育論』が万人に適用可能な普遍的な議論ととらえられたのも, 上記のような合理的で近代的な人間モデルゆえかもしれない。あらゆる子どもは潜在的に理性を備えるが, それが教育次第でどのようにでも開花するというロックの考え方は, おのおのの人間が生まれながらに持つ資質の不平等こそが神が定めた社会秩序を支えているとする神学的な世界観とは全く異なる, 近代的で平等主義的な見解であった。

2.　自然による人間形成から社会的な存在へ ─ルソー

　18世紀フランスで活躍したジャン゠ジャック・ルソー(Jean-Jacques Rousseau, 1712-1778) は, ロックと並び啓蒙の思想家として分類される。ただしルソーの考え方には一つの逆説が含まれる。前述のように当時の啓蒙思想は, 人々を古い考え方から解放し社会をよりよく変革していくものとして, 知識や文化の発展・普及に大きな期待を寄せた。それに対してルソーは, 知識や文化こそが人間を不自由にし, 不平等な現状を生み出していると唱えた。実際, 彼にとって革命前のフランスとは, 欲望による奪い合いの果てに生まれた不平等の中で人々が貧困にあえいでいる社会だったのである。

　このような社会から抜け出すためにルソーが希望を託したのが, 自然状態, すなわち知識や文化が生まれる以前の段階に人間が戻ることだった。そのため

に，文明社会を経由してすでに汚れてしまった大人ではなく，生まれ落ちた子どもがその自然を壊されないままどう教育されるかが，ルソーにとっての教育課題だった。「人は子どもというものを知らない。…彼らは子どものうちに大人を求め，大人になる前に子どもがどういうものであるかを考えない」（ルソー1962：22-23）——教育論『エミール』（原著1762年）の序文において，ルソーはこのように述べている。

『エミール』で展開される教育法は，社会の中において，理想的な人間を形成するための方法論である。その際，人間の本来的善性を信じるルソーにとって，悪は「社会」からやってくる。だが「一度，〈社会状態〉に移ってしまえば，人間はもはや〈自然状態〉に戻れない」ので，単純に人間が自然に戻ることもできない。それゆえ必要な方策は，社会状態の中に，理想としての自然（道徳的個人）を求めていくことだった。

すべての生き物は，生きるのに必要な欲求と，それを満たすだけの力を与えられている。文明社会に生きる人間だけが，この自然的なバランスを失って無力化している。だから，人間に備わる自然を取り戻すための教育は，まず真に自然な，本当に生きるために必要な絶対的要求を，他者との比較でのみ満足する社会的で相対的な要求から区別することから始まる。つぎに，自己保存のために個人に備わっている自然の力を最大限に訓練し，強化し，鋭敏にしなければならない。

『エミール』の中で語られる教育は，そうした自然の力を最大限に尊重しつつも，最終的に社会的な存在へと導く営みである。早く大人にしようと人為的に子どもに働きかけ，知識を教え込むことは，自然の力の発露を妨げてしまう。また，その過程で，不要な欲望や妬みなどを生み出す誤った観念や悪徳が子どもに植え付けられるおそれもある。まず子どもの自然の力の源泉である感覚器官を育て，その後に考える力を育て，最後に社会的存在となる経験を与えていく，無理のない働きかけが子どもの自然性を損なわない社会化のありかたである。そのような考えの基に行われる教育は「消極教育」と呼ばれている。

3. 民主的な学校から民主的な社会へ —デューイ

　新興国のアメリカでは，個人と社会との関係を教育のうちに発展的に解消しようとした思想家ジョン・デューイ（John Dewey, 1859-1952）が登場する。20世紀初頭のアメリカは，農業中心から工業中心への社会へと急速に変貌し，それに伴う社会問題の発生と階級的対立が深刻な状況であった。

　デューイは，当時発達しつつあった生物学の考え方に基づき，この世界の本質は対立ではなく多様な構成要素の相互依存関係にあると考えた。また，哲学の役割は真理の究明ではなく，現実の社会問題の解決のための思考方法を示すことだと考えた。そうした観点からデューイが希望を見いだしたのが民主主義である。ただしデューイが標榜した民主主義（democracy）は，普通選挙のような政治的な意思決定の方法論以上のものであり，社会の理想像すなわち相互依存的・相互扶助的な共同体（community）を形容する言葉だった。共同的な生とは，たとえば目標の設定において，また活動の進め方や各自の分担について，人々が自由に議論して協同的に進められる活動である。そこは個々人の成長が促され，複数の異質な集団が自由に交流することができる場なのである。

　デューイにとって，学校はこの民主主義を教える場所であり，単に言葉や意味，制度としてそれを教える場ではなかった。学校そのものが協同を通じた「小さな共同体」すなわち「小さな民主主義の空間」でなければならない。子どもたちはその中で助け合い，他者の心情に応答し，共感することを経験する。デューイにとって，こうした小さな共同体としての学校こそが，既存の社会を民主的な共同体に変える礎だったのである（デューイ 1975）。

第3節 ｜ 近代教育批判の思想

　前節でみた教育思想はいずれも，力点に多少の差がありながらも，基本的に教育の働きかけに希望や可能性をみている。だがそこから時代がさらに下り，社会制度の近代化が欧米諸国を中心に加速していくと，教育システムもまた，その状況に対応するひとつのシステムとしてより機能的であることを求められ

る。とりわけ1960年代後半は，公的学校制度（とくに後期中等教育と高等教育）の量および質の拡充が急務となった時期であったが，その動きは同時に教育制度に含まれるさまざまな矛盾や機能不全といった問題を顕在化させた。その問題を技術的な対応や実証的な教育学研究で乗り越えようとする動きがある一方，他方で機能不全を引き起こした近代教育制度に含まれる思想や人間観といった枠組みそのものをラディカルに反省し，見直そうとする動きも現れてきた。本節では，そうした近代教育批判としての思想についてみていきたい。

1. 近代学校制度への懐疑 ─ブルデュー，フーコー

「（機会の）平等」「無償制」「中立性」といった理念を掲げる公教育制度は，一見，個人の能力と業績に基づく公平な選別を行っているように見える。しかし，本当にそうなのだろうか─そう問いかけてみせたのがフランスの社会学者ピエール・ブルデュー（Pierre Bourdieu, 1930-2002）である。

実際，60年代の高等教育進学者割合の急上昇にもかかわらず，労働者や農民といった子弟の占める割合は依然として低かった。なぜなのか。ブルデューはその理由を，文化再生産にあると考えた（ブルデュー 1991）。一見平等にみえる学校での選抜過程は実は現存する不平等や社会秩序を再生産するものであり，文化資本を多く持ち，学校文化に親和性の高いハビトゥス（＝行動原理）を備えた支配階級の子どもが成功体験を積みやすく，反対に文化資本を持たず学校文化に親和的でないハビトゥスを備えた被支配階級の子どもは失敗して排除されるようできているのだ，と。

ちなみに文化資本とは家族から伝達される文化的資源のことであり，ハビトゥスとは私たちの日常行動を生み出す原理のことであるが，この両者は文化，身体と明瞭に切り分けられるものではなく複雑に絡み合っている。たとえば文化資本は (a) 身体化された様態（たとえば読書習慣や美術館通い），(b) 客体化された様態（たとえば家にある本，辞書，絵画など），(c) 制度化された様態（たとえば学歴や資格の保有）の三つの様態からなる。またハビトゥスは行動原理でありながらも，その行動原理を支える，ものごとを知覚し評価する原理（＝精神構造）

ともセットになっている。たとえば休日に美術館に行くのか，競艇場に行くのかは，単なる趣味の問題ではなく，端的にハビトゥスの表出の違いである（宮島 1994：157-160）。

　学校は，上記の「違い」を，階級に基づいて形成される「文化の正統性」に応じて序列化，再生産する場所である。それだけではなく，そうした序列をあたかも正統であるかのように教え込む場所であり，子どもたちは学校での選抜過程（成功／不成功や賞賛／叱責，落第など）を通じてそれを身体化する。このように学校が既存の文化の正統性を教え込むやり方は「象徴的暴力」であると説くブルデューの考え方は，私たちに，「平等」や「中立」を基本理念として掲げる近代公教育制度の，まさに内部で起こる不平等に目を向けることを教えてくれる。

　同様に，近代制度としての学校の仕組みを，知識と権力という観点から批判的に分析してみせたのがフランスの哲学者ミシェル・フーコー（Michel Foucault, 1926-1984）である。フーコーによれば，学校は，監獄や病院と並ぶ近代的な権力メカニズムの典型である。ポイントは，そこに働く権力が人々を単に抑圧するだけではないというところである。

　学校は，監視・賞罰（制裁）・試験という三つの要素の複合体である。その際，子ども一人ひとりを可視的な存在にし，監視と賞罰を可能にする結び目として機能するのが試験である（フーコー 1977）。子どもたちの成績の推移は教師によって注意深く観察され，その結果に応じて教師は子どもを褒めたり叱咤したりする。こうして監視・賞罰・試験の複合体に組み込まれた子どもたちは，少しでも良い点を取って褒められたいと望み，そのために自ら努力して学ぶ主体性を身につける。子どもたちが，制度の秩序に自ら従うことによって獲得されるこの主体性は，一見主体的とみえつつも，同時に制度への服従を通して抵抗の自由を自ら手放すことにつながる。このプロセスをフーコーは，主体（仏語の sujet，英語の subject）という言葉に含まれる二重の意味，すなわち主体化と従属化を同時に含む運動として assujettissement と呼び，抑圧／抵抗とは異なる，組織とそこに自発的に組み込まれていく人間との関係を描き出したのだった。

2. 学校化された社会への懐疑 ―イリイチ

　近代批判の射程を，学校という制度内だけではなく，学校を含めた社会全体にまで広げてみせたのがイヴァン・イリイチ (Ivan Illich, 1926-2002) である。

　イリイチによれば，コメニウス以来連綿と続いてきた近代学校およびその存在をよしと考える社会のあり方は「学校化 (schooled)」社会として根本的に批判されるべきである。学びとは本来，自律的に行われる活動であるはずである。それなのに学校化社会では，単位や免許の取得，進級といった制度から与えられたものに，人々が依存しすぎている。それだけではない。幼少期から学校に慣れ親しんだ私たちはいつのまにか，何をするにしても，そのための制度と制度を管理する専門家が必要だと思いこみ，何もかもを彼らに委ねてしまう。たとえば，自らの健康管理を病院という大きな組織と医者という専門家に任せる，主体的な学びを学校という組織と教師という専門家に任せる―そのように制度に依存することに慣れてしまうことで，人は自律性を発揮する機会を奪われていく。イリイチは，「すべての「偽りの公益事業」の中で，学校は最も陰険である」(イリイチ 1977：115) という。なぜなら学校は，偽りの公共事業そのものでありながら，その事業があたかも自明であるかのように教育を通じて私たちに刷り込む役割も果たしているからだ。

　だからこそ学校から離脱せねばならない。これこそイリイチの脱学校化 (deschooled) 論の骨子である。学校に代わる学びの形として，イリイチは「教育のネットワーク」を構想する。学ぶために活用可能な事物を準備し，各地の学習センターで利用可能にする。また無償の技能交換所を設置して，その技能を持つ者から主体的に学ぶ。さらに，学習仲間を見つけ出すネットワークを構築し，知恵や指導性を備えたリーダーを登録する。制度による権威づけを背景にした専門家による「教育」ではなく，主体的な学び合いのためのネットワークの構築が，近代的な学校のオルタナティブとして提示されたのである。

3. 制度や国家にとどまらない「公共」を探るために ―アーレント

　近代学校制度が広がっていった時代，その役割のひとつは，国家の構成員た

る国民の教育にあった。これまでは，学校に通う子どもたちは，いずれその国の「国民」となることが自然であると想定されてきた。だが今日のグローバル化にあって，人もモノも移動が活発になり，教室に居る子どもたちのすべてがこの先，「国民」となるという保証は全くない。そう考えていくと，従来の「国民」とは異なる視点で，公教育を考える必要性が高まってくる（第8章参照）。

　このような観点から注目されているのが，ドイツ系ユダヤ人の政治哲学者ハンナ・アーレント（Hannah Arendt, 1906-1975）の思想である。彼女自身，ナチス政権下で亡命を余儀なくされ，アメリカに移住して市民権を取得するまで二十年近くも国の法の埒外にあった。そのような彼女が国家や法について語るとき，そこには国家や法から締め出される「生存の基本的恐怖」がまつわりついていることを知っておくべきであろう。

　彼女は『人間の条件』（原著1958年）の中で，「公共的」であることの意味を探る。そこで示されるキーワードは「現れ（appearance）」と「世界（world）」である。「現れ」とは，人々の間でなされる言論と行為を通じて，社会的役割や属性から離れたそれぞれ「唯一性（uniqueness）」をもつ存在として他者に「見られ，聞かれる」ことを指す。アーレントはこうした経験を「活動（action）」と呼び，活動にこそ政治という営みの核心があると論じた。また，上記のような「活動」を通じて人々の間に創出される「人間関係の網の目」としての「世界」に，人々が複数形すなわち一人ひとりが互いに異なる存在として出会うときにこそ政治や公共性が成立すると説いた。

　ただしこうした政治観や公共性概念を支えている「人間」モデルはあくまで古代ギリシアのそれである。今日，近代における「人間性」概念が適用範囲を無媒介に拡大させているために，かつてのポリス的な人間性の条件はすでに解体されているとの指摘がある（仲正 2003：49）。実際ギリシアのポリスにおいては，「人間」として公共性の中に現れる特権を得ていたのはごく少数の「市民」のみであり，他方で，「家＝私的領域」の内部における労働や仕事といった物質的な諸要素は，奴隷や女性といった「市民」以外の者に任されていた。だが，今日の政治空間においては上記のような公/私の境界線はあいまいになり，市民

たちは物質的な利害関係を抱えたまま公の場でお互いに働きかけるようにな
る。実際，経済的な意味での利害の調整が公的な討論のメイン・テーマとなる
今日の市民社会は，古代ギリシアのポリス内で物質的な利害に惑わされず自由
に討論できた「市民」が構成するかつての政治＝公的領域とはかけ離れたもの
である。「近代の解放と世俗化」（アレント 1994：11）が進み，新たな未知の時代
である「現代社会」（アレント 1994：16）の出現に立ち合い，その混沌に立ちす
くむ私たちは，その社会がどのようなものであるかを理解するためにも，無意
識に前提とされている「人間」モデルの「条件」をこそまず検討しなおさなく
てはならないのである。

おわりに

　ある時代にある社会の中で広まっていった教育思想は，教育に関わる個々人
の判断やふるまいを，何が教育であるか否かといった判断も含めて枠づける。
その枠づけは，私たちのものの見方を規定すると同時に，その私たちの立つ地
平をも規定する。その時代や社会がこれまでとは異なる局面を迎え，そこに生
きる人々のものの見方が揺らぐときは，同時にそこに立つ地平の揺らぎをも伴
う。だからその場にはつねに，ある種の苦痛や不安がつきまとう。
　本章で概観してきたさまざまな教育思想の流れは，そうした苦痛と不安の歴
史でもある。とりわけ近代教育思想「以降」につながる今日，教育思想を成立
させている「個人」や「社会」，「学校」といった「当たり前」の概念そのもの
を疑い反省を加えるという作業は，私たち自身にも痛みをもたらす。それはと
りもなおさず，それまで自分が気づかなかった自己を取り巻く共同体的な諸文
脈を意識化することを通じて，その概念をもつ自分自身の在り方を見直すこと
を迫るからだ。自分自身の在り方を見直し，変化させようとすることには苦痛
が伴う。かつてソクラテスの産婆術において，問いかけに答えようとする若者
たちが生みの苦しみ＝陣痛を経験したのと同じように。だが，その痛みこそが，
自己と他者，そして教育を再び構想するきっかけにつながるのである。

［奥野佐矢子］

●発展課題●

① 近代教育思想の考え方の特徴とは何だろうか。おもに本章の第2節を参照しながらまとめてみよう。

② 今日，多元化する社会に対応するにあたって，近代教育の考え方はいま，どのような問題点を抱えていると指摘されているだろうか。おもに本章第3節を参照しながらまとめてみよう。

お薦め図書

今井康雄編（2009）『教育思想史』有斐閣アルマ

　教育思想のおおまかな流れを押さえたいときに。コンパクトでありながら，教育思想のスタンダードな思想家だけでなく，近年の同時代的な思想家による近代教育批判，また日本の教育思想の流れにも目配りされている良書。

真壁宏幹編（2020）『西洋教育思想史 第2版』慶應義塾大学出版会

　教育思想の流れを，いわゆる近代教育的な人間観や教育観に矮小化せず，その当時の歴史的な文脈に位置づけて体系的に語ってみせた労作。辞書的な使い方のほか卒業論文で特定の教育思想家を扱いたい時，大枠を掴みたいときに是非。

引用・参考文献

アレント，H. 著，志水速雄訳（1994）『人間の条件』ちくま学芸文庫．

イリイチ，I. 著，東洋・小澤周三訳（1977）『脱学校の社会』東京創元社．

コメニウス，J. A. 著，井ノ口淳三訳（1995）『世界図絵』平凡社．

コメニュウス著，鈴木秀勇訳（1962）『大教授学1・2』明治図書．

デューイ，J. 著，松野多男訳（1975）『民主主義と教育（上）（下）』岩波文庫．

仲正昌樹（2003）『「不自由」論』ちくま新書．

フーコー，M. 著，田村俶訳（1977）『監獄の誕生』新潮社．

プラトン著，藤沢令夫訳（1979）『国家（上）（下）』岩波文庫．

プラトン著，藤沢令夫訳（1994）『メノン』岩波文庫．

ブルデュー，P. 著，宮島喬訳（1991）『再生産』藤原書店．

宮島喬（1994）『文化的再生産の社会学』藤原書店．

ルソー，J＝J. 著，今野一雄訳（1962-1964）『エミール（上）（中）（下）』岩波文庫．

ロック，J. 著，北本正章訳（2011）『ジョン・ロック「子どもの教育」』原書房．

「子ども」とは何か

2022年4月1日から，これまで20歳だった成人年齢が18歳に引き下げられた。既に18歳に引き下げられている選挙権年齢とあわせ，若者の社会参加を促す狙いがあるという。引き下げによって，携帯電話の購入，アパートなどを借りる，クレジットカードの加入やローンを組むなど，一消費者としての契約が可能となる。他方，飲酒や喫煙可能な年齢は20歳のまま据え置かれ，日本の成人と子どもの境界はさらにあいまいになっている。

そもそも「子ども」とは何か。脆弱で，家庭で守られ愛され，労働せず学校で学び，たばこや酒はたしなまず，性的なものに極力関わらない……今日でも一般的に受容されているこの「子ども」イメージが，実は自然でも自明でもない—その主張によって広く名を知られたのが歴史家フィリップ・アリエスである。「中世の社会では，子供期という観念は存在していなかった」（アリエス『〈子供〉の誕生』みすず書房，1980年，122頁）というフレーズは大きな反響をよび，私たちの「子ども」への眼差し自体が「子ども観」ととらえ直され，その変遷についての歴史研究が可能になった。

アリエスから受け取り得る最も大きな気づきは，「子ども期とはそもそも構築的なものである」という考え方である（岩下誠ほか著『問いからはじめる教育史』有斐閣ストゥディア，2020年，33頁）。ここでの「構築的」という言葉は，本質主義への懐疑を表明している。たとえばいま「子ども」の「本質」だと見なされているものは，実際には「子ども」をめぐる言葉の蓄積の——たとえば子どもについてのさまざまな学説，教育書，政府や官公庁の公示や法制度の言葉，果ては絵本やおもちゃなどの商品，それを売り込むための宣伝やSNSやネットに溢れる育児ブログなどの——結果として事後的に「構築」されているのではないか。「子ども」とは本質でもなく自然でもなく，それを取り巻くさまざまな制度によって構築される一つの社会的制度である（岩下，2020年，33頁）。

教育課題の多様化に配慮する本書の姿勢は，上記と通底している。たとえば，本書第12章に登場する「子ども」は，一国内での「保護か権利か」を超え，その国を含めた世界システム全体の問題としてとらえる必要がある。その他本書第Ⅲ部「教育をめぐる諸課題」で扱われる「子ども」たちもまた，経済的にも，文化的にも，性的にも多様で，決して一枚岩でないことがわかる。こうした見方に立ってこそ私たちは，「子どもとはこうあるべきだ」という固定的な見方とは異なる立ち位置から「子ども」の問題を眺めることができるのである。

（奥野佐矢子）

第3章

西洋における教育の歴史
——近代公教育の成立まで

┌─ キーワード ─────────────────┐

哲学の誕生，宗教改革，科学革命，ナショナリズム

└──────────────────────────────┘

はじめに

　西洋における教育の歴史を，古代ギリシアの時代から近代公教育制度がおよそ形成される頃まで概観することが本章のねらいである。紀元前400年頃に知の方法論（哲学）が，そして12世紀には広く知を伝達する仕組み（大学）が生まれた。共通の言語と慣習を核とした「エトニ」は，平等意識の普及などの条件下にナショナリズムを生み，19世紀に各国の公教育を発展させた。

第1節 ┃ ギリシア・ローマ期の教育

1. 神話とギリシア人の教育

　私たちホモ・サピエンスの祖先は，故郷アフリカの東を出て約7万年前にはアラビア半島にまで広がり，中東やヨーロッパでネアンデルタール人と交配して，そのあと全世界へと広がった（現代中東・ヨーロッパ人のDNAのうち1〜4％がネアンデルタール人のDNA（ハラリ 上巻 2016：29））。移動と多様性の獲得は，サピエンス繁栄の原動力であった。地球の裏側にまで旅をした我々と違って，ヨーロッパ周辺からあまり移動をしなかったネアンデルタール人は絶滅した（約3万年前）。最後のホモ属である我々は，地上の覇者となり，メソポタミア，エジプト，ギリシアなどで高度な文明を築いていった。ギリシアは地中海の東側に位置する交通・交易の要衝であり，無数の入り江と島々を擁する複雑な地形ゆえに，小規模なポリスがあちこちに誕生（前8世紀頃）し栄えた。

高度なギリシア文明の基盤は何か。それは言葉であり，言葉が紡ぎだす物語であった。はじめにギリシアを教育したのはホメーロス (Homēros, 前750年頃) であったとされる。ホメーロスの物語—神々と人間，半神 (神と人間の子)，魔女などが織りなす絢爛たる叙事詩—は，アルファベットで書き留められたことによって永遠の生命を獲得した。韻律と定型の存在は，むしろ物語を躍動させ，吟遊詩人の音声の力が相まって，人々の心を物語の世界に深々と誘った。

2.　哲学の誕生

　ホメーロスという母体から，哲学は誕生したと考えられる。実は，彼の出身地イオニア地方にだけ，広場で裁判を開く市民たちの姿が見られた。ここでは法は王や神から与えられたものではなく，市民の間の同意において成立しており，ゆえに討論や共同の吟味が要請された。イオニアは植民市で他郷から来た市民が多かったために，市民間の平等が前提となりえたのである (柄谷 2012：81)。哲学の本質，すなわち，対話による吟味 (エレンコス)，そして果てなき探究はイオニアの広場 (アゴラ) に端を発したもののようである。アテネに生きた哲学の祖，ソクラテスの姿もアゴラにあった。また，プラトン (Platōn) が描くソクラテス (Sōcratēs) の生き様は，活躍の末に悲劇的死を迎える『イーリアス』や『オデュッセイア』の英雄の生涯と重なる。プラトンの著作を開けば，今もソクラテスは，正義とは何かなど，難問を解こうと青年達と語らい，また，嘆き悲しむ人を諫めつつ，事もなげに死出の旅路につく。プラトンが創設した学園，アカデメイア (前387年頃) は，約900年もの命脈を保った。その入り口の門には，「幾何学を知らぬ者，くぐるべからず」という銘が掲げられていたという。

3.　民主政とソフィスト

　哲学を生んだアテネは，民主主義の揺籃の地としても，人類がある限り記憶されよう。民主主義は英語ではdemocracyであるが，この語は古代ギリシア語のdēmokratia（人民の権力）に由来している。貴族が力をもっていたアテネでは，

一定数の人間が民会に参加して議論をして政策を決定した。

　政治に参加するギリシア自由民の間では，わが子をソフィストの修辞学校へ送ることが流行した。彼らが主に教えたのは政治の場で必要とされる弁論術など，言葉に関連する技術であった。真実をねじ曲げる者としてソフィストは後世の評判が悪いが，イソクラテス（Isokrates，ソクラテスとは別人）のような優れた人物もいた。彼らの知への態度を一言で言うなら，十中八九の正しさの追求といえる（廣川 1990 : 160）。これは，哲学者による100％の正しさの追求と好対照をなすが，見方によっては相互補完的に西洋の知の世界を豊かにしてきたといえよう。

【Topics①】ホメーロスの世界

　ヘレネー（Helenē）は，ホメーロスがうたいあげたトロイ滅亡の原因となった絶世の美女である。白鳥に化けたゼウスが人妻レダに近づき，レダは卵を産む。その卵からかえったひとりがヘレネーである。ギリシア神話では，神々と関わった者はたいてい災厄に見舞われる。スパルタ王妃となっていたヘレネーは，トロイの王子パリス（最も美しい人間の女を与えると約束したヴィーナスを最も美しい女神に選び2柱の女神の恨みを買った）と恋に落ち，二人はトロイに逃げ，トロイはポリス連合軍によって滅ぼされた。落ちのびたトロイの王族が，のちにローマ帝国の祖となったという伝説がある。ホメーロスの世界は，引いては満ちる海のような，繰り返される栄枯盛衰の大きな律動を感じさせてくれる。

鏡を見るヘレネー
（Evelyn de Morgan画，"Helen of Troy", 1898年）（PD）
© De Morgan Collection

---

4. アテネとスパルタの教育

　ポリスの中で覇権を確立したのは，アテネ（イオニア族）とスパルタ（ドーリア族）であった。自由民と奴隷の人口比は，アテネは2：1，スパルタは1：30で

あった。この違いは，教育法の際立った違いとして現れている。アテネでは，子どもが生まれると生殺与奪の決定は親が行った。一方，スパルタでは長老が決定した。改革者ソロン（Solon）の時代，アテネ市民の男子はすべて体操と音楽によって教育を受けることが定められ，私立の体操学校（パライストラ）や音楽学校（ディダスカレイオン）に通った。体操学校では，五種競技（競争，跳躍，円盤投，槍投，レスリング），拳闘，舞踏，水泳などが教えられた。また音楽学校では，初歩の読み書き，文法，琴などの楽器の演奏，ホメーロスやヘシオドス（Hēsiodos,『神統記』）などの暗誦が行われた。16歳になると准市民となり国立の高等体操学校（ギムナシオン）に通って，より実戦的な武道教育を受け，18歳になると自由市民の名簿に登録された。

　一方，スパルタでは7歳になると共同の養育所に入れられた。知的教育は必要最小限に限定され，主に五種競技，拳闘などを通じた軍事訓練が行われ，30歳くらいまで続いた。粗末な食事と衣服，硬い寝具，沐浴も年に数回しか認められない過酷な環境が，ギリシア最強の兵を生み，スパルタに攻め込むことは自殺行為といわれるまでに至った。また，同性愛の習慣が性的な結束力を生み，スパルタ軍をさらに無敵とした（勝山 2011：2-6）。

5.　アテネとスパルタの女性観

　古代ギリシアにおける女性観は，どのようなものであったろうか。アテネの場合は，深窓の令嬢がよしとされ，初潮を迎えた14, 15歳くらいの頃に30歳前後の男性と結婚することが一般的であった（桜井 2011：49）。また女性に不動産所有権はなく，既婚女性の外出は控えるのが美徳とされた。

　一方，スパルタの場合，少女は戸外で運動をして身体を鍛え，一般的に18歳ころに25歳くらいの男性と結婚した。また，既婚女性に外出の制限はなく，不動産所有権もあった（桜井 2011：50）。一見スパルタの方が，女性の自由度が高いように見えるが，奴隷の支配に神経を尖らせつつ他国との戦争に明け暮れる共同体の危うい運命に翻弄されていた点を考慮すると，両者に大差はない。

　ギリシアは，ポリスだけで約100，植民市を入れると約1000に分かれ，ポリ

ス間の争いが絶えなかったこと，ペルシア帝国との戦いによって疲弊したこと等が原因で衰退した。マケドニアのアレクサンドロス大王（Alexandros Ⅲ）の偉業（ギリシア，ペルシア帝国の征服など）と急逝，その後の分裂を経て，ローマ帝国の出現によって，ようやくヨーロッパ世界はしばらく安定する。

6. ローマ人の教育

　ローマは1日にしてならず。ローマは，もともとはイタリアのティベル川に沿ってラテン人がつくった都市国家で，エトルリア人の王を追放して共和制を敷いた前509年から，帝政が始まった前27年，東西分裂395年，西ローマ帝国の滅亡476年を経て，東ローマ帝国の滅亡1453年まで，長い歴史をもった。誕生から滅亡までおよそ2千年という長寿を誇ったのはなぜか。おそらく，強い軍隊と法を備えていたこと，また一定の条件をのんで服従を誓えば，ある程度の自治を認めた緩やかな支配のおかげであろう。

　共和政期の古代ローマは，農耕社会を基本とし，家が社会生活の基本であり家は小さな祭祀の場でもあった。家長である父親の権力は強く，十二表法（前451年制定）によれば，子どもの生殺与奪（殺害，遺棄，譲渡）の権は父親にあった（勝山 2011：13）。前300年ごろ，都市にルードゥス（遊びの意味）と呼ばれる基礎学校が現れ，前2世紀頃にはギリシア語を学ぶ文法学校が，また前1世紀には修辞学校が設けられた（勝山 2011：13-14）。帝政期になると，歴代皇帝の多くは図書館を建設し，学校をつくって学術を保護した。最も有名な知識人としては，セネカ（Lucius Annaeus Seneca）とクインティリアヌス（Marcus Fabius Quintilianus）が挙げられよう。セネカは理性による感性の克服に徳と幸福を見出し（『善行について』），クインティリアヌスは幼児期からの教育のあり方を説いた（『雄弁家教育論』）。セネカは自ら家庭教師をつとめたネロ帝（Claudius Caesar Augustus Germanicus Nero，在位：54-68）の命令で自殺に追い込まれた。一方，クインティリアヌスは，ヴェスパシアヌス帝（Titus Flavius Vespasianus，在位69-79）によって設けられた修辞学校の最初の勅任教授となった。

　西ローマ帝国滅亡後，481年にクローヴィス（Clovis Ⅰ）がフランク王国を樹

立，8世紀のカルル大帝（Charlemagne I）の頃，最盛期を迎えた。789年，大帝は司教座聖堂や修道院，各教区の教会に学校を設置することを命じ，教区学校では聖書の内容を用いた読み・書きと簡単な算数，唱歌・教会の典礼，ラテン語の初歩などが教えられ，司教座聖堂学校では，自由七科（文法，修辞学，論理学，幾何学，算術，天文学，音楽）と神学が教えられた。修道院でも自由七科と神学が教えられた。修道院の写字生は，活版印刷術の登場（15世紀半ば）以前，知の保全・研究という点で特別な意味を担う存在であった（Topics② 参照）。

第2節 ｜ 中世の教育

1. 知識人（アンテレクチュエル）という職人

　12世紀になると，司教座のある都市や城塞都市と関連して，商人や職人が集住する都市が発展し始めた。その中に，知識人（アンテレクチュエル）と呼ばれる職人がいた。アンテレクチュエルは，当時，学校の教師を意味していた（ルゴフ 1977：2）。もう少し詳しくいえば，「学問と教育の結びつきを配慮し，民衆との接触を失わず，都市を舞台に専門の学芸をもって生計をたてる知的労働者」（ルゴフ 1977：225 訳者あとがき）であった。

　先走って，後のルネサンス期に現れたユマニスト（人文主義者）との違いを問うならば，理解の鍵は教育にある。中世の知識人は学徒を教えることで得られる直接的な対価によって生活しており，彼らの居場所は，良くも悪くも人と人とが直接対峙する活気の中にあった。一方，ユマニストの住み処は執筆と思索に没頭できる静謐で快適な書斎にあった。ユマニストの例として『エセー』の著者モンテーニュ（Michel Eyquem de Montaigne）を取り上げると，父親はボルドー市長をつとめた名望家で，彼は裕福な家庭で育った。父親の死後，彼は城を相続，法官を辞した後，城内にある孤絶した書斎で執筆を行った（『エセー』の特質は，筆者がその時々の偽らざる気持ちを綴るスタイルにある。時が経つと意見は変化し一貫性がないように見えるが，懐疑の姿勢と，"私"を"私"が書くというスタンスは常に一貫している）。

2. 大学の誕生

　ヨーロッパに知識人が登場し，彼らの元に集まってきた学徒が組織化されるにつれ，この学びの集団は，厳密な意味での大学へと成長していった。世界最古の大学とされるボローニャ大学は，司教座聖堂学校，都市学校，修道院学校三者すべてに由来するとされるが（ディルセー 上巻 1988：114），ボローニャ大学の核心部分：法的精神から考えると，ローマ法の研究に貢献していた都市学校の重要性がとくに注目される。教会や王権あるいは都市との争いが起きると，教師と学徒は連帯して授業放棄を行い，他の都市へと引っ越すなどして相手の譲歩を勝ち取り，自らの自治権を守ることに努めた。大学には血気盛んな若者がおり，なかには窃盗や殺人といった事件を起こす輩もいて，都市にとっては頭痛の種であったが，一方で大学は経済上の顧客であり，得がたい官吏の養成場であり，また知的権威という威光の源泉であって，都市に富と名誉をもたらす善き存在でもあった。

　王権が伸張し，その触手が大学の自治権に伸びてくると，大学側はローマ教皇の庇護に頼った。その結果，大学は教会の裁治権の下に置かれることになった。大学に所属する知識人は教皇権による支持を得るために教会に属する聖職者となり，それゆえに知的独立を教会から守ることは非常に困難になった。厳しい異端審問とむごたらしい処刑が教会組織の手で行われ，のちに魔女狩りの嵐が吹き荒れた事実（17世紀後半衰退）をみると，この暴威に対し知的防波堤となりえなかった大学人たちには，知識人としての独立独歩の矜持と連帯力の低下を感じざるを得ない。

3. 教養ある女性は何を読んだか

　都市の発展に伴って人々の教養が高度化するにつれ，高い教養をもつ女性も現れた。9世紀中葉という早い段階ですでに，南仏の貴族の妻ドゥオダ（Dhuoda）は，宮廷に出仕した16歳の息子のために『手引書』を書き，多くの本に慣れ親しむよう勧めた（浅野・佐久間 2006：29）。この書から，彼女が，聖書はもちろんのこと，キリスト教徒の詩人，聖人伝，文法・算定表に関する著

作，アウグスティヌス (Aurelius Augustinus)，セビリャのイシドール (Isidor da Sevilla)，彼女と同時代人アンブロシウス・アウトペルトゥス (Ambrosius Autpertus)，アルクィン (Alcuine) らの著作を読んでいたことがわかる (リシェ 2002：351-356)。残念ながら彼女の懸念通り，息子は権謀術数渦巻く政治の世界に飲み込まれ，反逆罪の廉で斬首された。

【Topics②】ウンベルト・エーコ著『薔薇の名前』

　舞台は1327年の修道院の写字室，失われたアリストテレスの喜劇論，『詩学第二部』の最後の写本が次々と殺人事件を引き起こすというストーリーである。真犯人は「読み」への欲望であり，「読み」が本書のテーマである。タイトル中の「薔薇」とは『薔薇物語』の例から考えて，直接的には女性を象徴するものと思われる。同書の語り手で見習い修道僧のアドソが，生涯に一度きり契った女性の名前は永遠に知られることなく終わる。その女性は，夜中に修道院に忍び込み，修道僧の性の相手を務めることで家族の糧を得ていた貧しい女であった。聖書において売春婦として描かれるマグダラのマリアを思わせる。ただし，薔薇はキリスト教文化圏において神性の象徴でもあったことに注意する必要がある。著者エーコは，「私は中世について書いたのではなく，中世のなかで書いたのだ」と述べたという (松岡 2001：241話)。

第3節 ｜ 近世期の教育

1．基礎学校の普及

　中世後期における都市化と市場化の進行は，聖職者によってほぼ独占されていた基礎教育の世界に変化をもたらした。13世紀末頃から，市民権力の強い都市は独自の学校を設立し，商工業者の子弟に対する教育 (読み・書き・算) を行い始めたのである。たとえば，ニュルンベルクの場合，その支配領域の小都市，ヘルスブルック (人口600から800人程度) では，約60人の生徒が在籍し，生徒の大部分は冬だけ学校に通いドイツ語だけを学んだという。当学校の教師によると，ラテン語を学ぶ能力を備え…（中略）…関心を持つ者は生徒のうち6人か

ら8人にすぎなかった（浅野・佐久間 2006：107）。都市化によって世俗的な基礎教育が始まり，ラテン語離れの傾向が現れはじめた。

　ヨーロッパで初めて民衆の子女を対象とした就学義務が課されたのは，17世紀のルター派の領邦国家においてである（特異な先例はTopics③ 参照）。宗教改革によって16世紀の社会に激震をもたらしたルター（Martin Luther）が，基礎学校の設立を求め，実際に学校が普及，民衆の教化が図られたことが背景にあった。

【Topics③】ユダヤ人社会における先駆的公教育

　ルター派の学校に先駆けて，15世紀スペインにおいて，男子のみが対象ではあったものの，6歳から13歳のすべてのユダヤ人男子がユダヤ人社会の公的援助を受けた基礎学校で学んだことは特筆に値する。その背景には，ユダヤ人が受けた差別と，自らのアイデンティティ（言語と宗教）を守るという切実な使命があった。反ユダヤ暴動がスペイン全土を席巻したことにより窮乏化したユダヤ民衆の多くが子どもの授業料を払えなくなったことを憂慮したアルハマ（ユダヤ人共同体）当局は，初等教育税を徴収して学校の維持を図った。主に安全のために都市に集住していたことが運営に幸いした。ルター派の学校とは時期も背景も異なるが，切迫した宗教的要因が学校設立と運営の動因として共通している点が注目される（浅野・佐久間　2006：82-99）。

2.　宗教改革と基礎教育

　宗教改革の本質は，神と民衆をつなぐ仲介者，世界統一者として振る舞うカトリック教会の権威の否定，そして異議申し立て（プロテスト）といえるであろう。では，教会の介在なしにどうやって人は神の教えを知るのか。それは聖書を直接自分で読むことであった。ルターは従来用いられていたラテン語訳聖書をドイツ語に翻訳し，民衆が間違った信仰に陥らないよう教理問答（カテキズム）を著した。

　カテキズムとは，問いと答えによって表現された，いわゆる「Ｑ＆Ａ」である。そもそもカテキズムとはギリシア語のカテケーシスという言葉に由来し，「音が落ちる」，「鐘の音が響き渡る」といった意味をもっているという。身近な聖職者や親から聞いた言葉を何度も繰り返し口にすることによって教えが心に

響き渡り，やがて自分のものになっていくこと，つまり，口移しに信仰の言葉が伝えられること，それがカテキズムの本質であった。

　生き生きとした信仰を伝えていくはずのカテキズムであったが，その繰り返しと暗誦という性格のせいで，機械的な詰め込み教育に堕する危険性があった。そのため，後世，カテキズムは徹底的な批判の対象となった。

【Topics④】ルターの妻：カタリナ・ルター「自由への逃走」

　クララ・デントラーは，1917年のルター宗教改革400年記念祭のため，ルターの妻カタリナについて講義するよう依頼され，英・独・羅の膨大な関係書を参照し，ルター家の居宅を訪ね話を聞くというスタイルの一書を残した。

　カタリナは「…5歳のころ，ブレナの近くにあるベネディクト派の修道院学校にいれられ」（デントラー 1961：37），ラテン語等を学び，そして10歳の時にニンブシェンの女子修道院に入った。「1519年頃，シュタウビッツ博士と，ウェンケスラス・リンク先生と，ルター博士とが，この女子修道院からあまり遠くないグリンマに来られて，その教えを説教なさいました。私たちが，心からその教えに関心をもつようになりましたのは，すぐのことでした。そのときから，私たちには，心に平和がありませんでした」（デントラー 1961：11）。カタリナは，その

カタリナ・ルター肖像
（Lucas Cranach 画，"Katharina von Bora"，1527年頃）（PD）
出典：（写真）Erick Cornelius／スウェーデン国立美術館

後女子修道院を同輩8名とともに脱出した。「…もし彼（ルターのこと：執筆者注）が捕えられたとしたらどうなったでしょうか？法律によると，逃亡幇助の罪は，死刑です。…私たちが，石塀にとどくと，馬車が下で待っているのがわかりました。彼（ルターの知人コッペ：執筆者注）は，助手に彼の甥と友人のトミッチュとを連れて来ていました。覆いをした馬車の中には，鯡の空樽があって，私たちはすばやくその中に隠され，だぶだぶの帆布で覆をかけられました。それを身に感じるひまもなく，私たちはヴィッテンベルクへ向かって—自由に向かって一駆け出していました」（デントラー 1961：13-14）。

教会や修道院との関連で運営される学校にしろ，都市がつくった学校にしろ，ほとんどの基礎学校は男女共学であった。しかし，宗教改革によって男女共学が否定されたことによって，プロテスタントが支配的な地域では16世紀前半から，またカトリックが支配的な地域では16世紀後半から，男女別の学校が開設されていった（浅野・佐久間 2006：108）。17世紀に入ると，宗教対立と利権争いが絡み合って，ヨーロッパ大陸は戦火に包まれた。そんな運命はおろか，まさか自分がルターの妻になるなど，予想だにしていなかった23歳の修道女カタリナの脱走劇は，読者を痛快な気持ちにさせてくれる（Topics④）。

3.　科学革命と教育

　17世紀の科学革命については，「キリスト教の出現以来，歴史上これに匹敵するような画期的な出来事は他にない」という評すらある（バターフィールド 1978：174）。その英雄は，ニュートン（Isaac Newton）であった。「啓蒙主義の著作家はデカルト（René Descartes）をして合理主義の主導者，ベイコン（Francis Bacon）をして実験哲学の主導者，そして誰よりもニュートンをしてふたつの方法を成功裏に総合した人物として紹介した」（ヘンリー 2005：156）。

　では，科学とは従来の知の伝統とどのように異なっていたか。『サピエンス全史』では，第一に無知の知という前提に立つ点（人間はすべてを知っているわけではなく，知っていると信じていたことが実は間違いだったと判明する場合もあることを予め知っている），第二に，観察によって情報を集め，数学的に分析し包括的な仮説を立てる点，第三に，その仮説を基にして科学技術を開発し力を獲得する点，と整理されている（ハラリ 下巻 2016：59）。とくに科学技術は，地球環境を破滅させる力をすら人間にもたらした。

　科学と科学技術が後世に与えた影響から考えれば驚くほど，ニュートンに代表される自然哲学の影響は（『プリンキピア』1687），なかなか教育の世界には及ばなかった。その理由は，実はニュートン理論が数学者などわずかな人間にしか理解されていなかったこと，魔術的な力を認めているように見えて忌避されたこと，研究の組織化が全く行われていなかったこと等である。当時，数学教

育のうえで最も先進的な国はオランダで，ライデン大学では1706年には「六分儀，クロノメーター，および望遠鏡を備えた観測所が存在していた」(ディルセー1988：160)。時代が下って『百科全書』(1751-1772) の時代になると，経験主義的精神は，ニュートンを受容・礼賛し，ついに時代の主たる特徴となった。啓蒙主義 (理性への信頼に立脚し，合理的批判精神によって無知な状態から脱すれば人も社会も進展すると考える) の時代が始まったのである。

第4節 ｜ 近代公教育の成立

1. ネイションとは何か

　国民 (ネイション) とは，近代の産物である。人類誕生とともにあったわけではない。では，いつどこで誕生したのか。端的に言えば，フランスにおいて，フランス革命 (1789年) の頃に誕生した。ネイションの核には「エトニ」があるとされる。エトニとは，共通の祖先・歴史・文化をもち，ある特定の領域との結びつきをもち，内部での連帯感をもつ，名前をもった人間集団である (スミス1999：39)。エトニは前提であって，ネイションの誕生にはその他の条件も満たす必要があった。土地や身分から解放された労働者の存在 (労働力商品化)，その労働力を背景とした産業社会の勃興，人々の文化的同質性 (学校教育の普及)，人間の平等性を基盤とした人民主権に対する信念など，さまざまな要件が満たされてはじめてネイションは，一個のネイションとしてまとまろうとする運動の中から立ち現れる。エトニの曖昧性から考えれば，ナショナリズムは幻想にすぎないようにも思えるが，共通の言語，郷土，そして，それらへの深い愛着といった歴史的・感情的根拠をもっているが故に，その生命力はおそらく強い。国民国家が誕生すると国民の教育の責任は国家にあるとされ，各国で公教育が大きく進展した。ただし，その進度，内容などは国によってばらつきがあった。たとえば，18世紀半ば以降，世界の覇権を握ったイギリス (政治・経済・軍事すべてにおける優位) で，公教育の進展は最も遅れた。マルクス (Karl Heinrich Marx) らの著作の記述を俟つまでもなく，子どもたちの知識を高め，考える力

を真剣に養おうとする態度の欠如が同国人によって何度も指摘されていた（オルドリッチ 2013：190-195）。おそらく，この無関心がイギリス病と呼ばれた20世紀における同国の経済的不振を生んだ淵源（えんげん）のひとつと思われる。このような公教育進展の国家間の差異を生んだ背景は何か，実は完全には解明されていない。ここでは，近代的国家がはじめて誕生したフランスを中心に，激動の近代ヨーロッパ史におけるもうひとつの震源地ドイツ，そして7つの海を股にかけた帝国イギリスの公教育制度の進展を概観したい。

2.　フランスの公教育

(1) 革命の勃発とナショナリズムの誕生

　1757年，プラッシーの戦いでイギリスに負けたことによって，フランスは世界の覇権争いから脱落したが，いまだ文化においては欧州の中心であった。当地は神学研究の中心パリ大学を擁し，12世紀以来の知的伝統があった。また，ディドロ（Denis Diderot）をはじめとする百科全書派，そしてルソー（Jean-Jacques Rousseau）など第一級の思想家，知識人が集まり活躍していた。王家の人々を中傷（ちゅうしょう）するカリカチュア（風刺画）を見ても，自由な言論空間の存在が感じられる。パリ盆地が伝統的に平等相続の行われてきた地域で，平等という感覚が根深く存在していたと思われる地域であることも想起されるべきであろう（トッド 2008：52）。ネイション誕生のいくつかの条件が，フランスには整っていた。

　フランス革命はなぜ起きたか。最大の原因は，経済的破綻に対して王室が有効な策を講じえなかったことへの市民の怒りではないかと指摘されている。1789年，全市民を巻き込んだ革命がついに勃発した。自国での革命を恐れる周辺諸国はフランスに攻撃を加え，フランスは大混乱に陥った。周りをすべて敵に囲まれた絶体絶命ともいえる状況に陥ったとき，人間が本能的に求めるものは強力なリーダーである。権力を掌握し，自在にそれを利用できる新たな王が求められた。それがナポレオン（Napoléon Bonaparte，1804年皇帝即位）であった。力の衰えた王は殺され〈ルイ16世（Louis XVI）は国民公会の決定により1793年

処刑），若く強い新たな王が誕生する，まさにフレイザーの『金枝篇』を思い起こさせるような一幕である。共和制が目指されていたはずが，ひとりの軍人によって権力が握られ帝政へと急展開する様は，人間性の闇の奥を垣間見せてくれる。ナポレオンは敵の攻撃を押し返し，逆に敵国に侵攻，ヨーロッパを席巻した（最盛期にはロシアを除くほとんどの国を支配）。外憂を解決したナポレオンは，国内の安定化と改革に目を向け，教育制度も中央集権的に整えていった。

(2) 公教育制度の整備

　フランスの公教育はヨーロッパの中で最も早く整備された。その理由としては，先述の内容からわかるように，いち早く国としてまとまることが生き残りにとって喫緊（きっきん）の課題であったこと，そして絶対的な権力を掌握した有能な人物の指揮の下，迅速な制度の創出が可能であったことが挙げられる。

　革命期におけるフランスで最も注目すべき教育機関が，世界最初の科学技術の高等教育機関とされるエコール・ポリテクニク（1794年開校）であろう。厳しい試験により選抜された若者が第一級の講師陣に教育を受けたことによって，多くの優れた科学技術者が輩出，19世紀初頭にフランスは科学先進国になった。

　教育全体の改革も行われ，1802年にナポレオンの命を受けた公教育総局長フルクロワは立法院に法案を提出，5月に法律化された。これによって，4種類の学校（小学校，中学校，リセ，専科学校）が整備された。ただし初等教育についていえば，革命期に提案されていた無償，義務といった規定はいまだ実現しておらず，ドヌー法（1795年成立）における義務と無償の廃止規定が温存される形になっていた。また，非宗教という点でも後退し，ナポレオンがキリスト教勢力との妥協を行った（和親条約（コンコルダ），1801年）ことから，キリスト教学校修士会にも初等教育の一部を担当するように求められた。同法で注目されるのは，市町村や私人が経営する中学校（コレージュ）と，国費によって維持されるリセが新設されたことである。初等や高等段階の教育から明確に分けられた形で，第二段階の教育が整備された。リセには，少なくとも9歳以上の子どもが受け入れられ，有

償ではあったが，その一方で給費制度もあり，給費生は官吏や軍人の子弟，あるいは中学校の優等生の中から選ばれた。専科学校については，フルクロワ案では法学校，医学校，博物・物理・化学校，工学校，高等数学校，地理・歴史・経済学校，製図学校，士官学校などが提案されていたが，結局，法学校と士官学校だけが日の目をみた。1802年法は妥協の産物ではあったが，その後の学校教育制度に与えた影響は大きく，画期的なものであった。

　さらに1806年には，「帝国大学の名称のもとに，帝国全土にわたって公共の教育と訓育とを一任さるべき団体を組織する」と規定する法律が出され，その後の補足を経て，帝国大学が全教育施設と全教員─小学校を除く─を，皇帝の権限のもとに統括することになった。ここに帝国大学を頂点とした教育階梯が構築され，国家の利益と君主の利益に資する中央集権的システムが出現した。

　小学校の教員は帝国大学の職階に組み込まれなかったことから，初等教育は帝国大学の統括からはずれ，しばらく低迷した。革命時から懸案とされてきた義務・無償・非宗教性という原則もなかなか実現化されなかった。しかし，1863年に公教育大臣に就任したデュリュイ（Victor Duruy）が初等教育に関する調査を実施したところ，ほとんどの子どもたち（402万人）は学校教育を享受していることがわかった（ただし，7歳から13歳の子どもの3割は学校教育を受けていない）。初等教育の無償化は1880年代に（中等教育の無償化は1930年代以降），義務化も1880年代に，非宗教性に関しては，より多難であったがゆえに20世紀に入って，ほぼ完全に実現している（教団経営の学校は1880年の段階では1万3千校あったが1912年には27校のみ）。義務・無償・非宗教性という革命時から提唱されてきた公教育の原則は，実現までにおよそ100年の時を要した。

　ついにフランスは統一的教育制度の確立をみたが，中央集権制度と官僚化，度重なる過酷な選抜の弊害が現れて，19世紀半ばには高等教育が停滞した。中央集権制度は，効率の点では優れているものの，長期的に見ると上意下達（じょういかたつ）に慣れすぎた人間を育成してしまい，自ら成長する力を削ぐという欠点をもっている。対照的に，フンボルト理念（教育と研究の融合，20世紀大学の正統）に影響された大学改革を経たドイツが，とくに科学研究の分野で急速に台頭してきた。

3. ドイツの公教育

　ドイツは，長い宗教戦争（1618-1648年）によって国力が衰え，宗教戦争後に結ばれたウェストファリア条約（1648年）によって主権を認められた小さな領邦国家が林立（300以上）したために，ひとつの国家としてまとまることが非常に難しかった。そのため，植民地獲得競争において英仏に決定的な遅れをとってしまった。しかし19世紀に入って，プロイセンがドイツの中心的国家として成長し，ビスマルク（Otto Eduard Leopold Bismarck）という老獪<ruby>老獪<rt>ろうかい</rt></ruby>なる宰相を得たことによって，ドイツは急激な成長を果たした。ビスマルク外交の主題は，徹底してフランスを孤立させることにあった（仏露が結べばドイツは挟撃<ruby>挟撃<rt>きょうげき</rt></ruby>される）。普仏戦争（1870年）における勝利は，ドイツ躍進を天下に示す一大エポックであった。ドイツ繁栄をさらに盤石にする鍵はビスマルクの政治手腕の中にあったにもかかわらず，皇帝ヴィルヘルム2世が彼を失脚に追い込み（1890年），ビスマルク的外交精神を忘れたことは，ドイツに重大な不利益をもたらす結果になった。ビスマルク後のドイツはといえば，政略のまずさから第一次世界大戦における敗北を招き，莫大な賠償金を戦勝国に支払わされ，塗炭の苦しみを味わわされた国民の不満がナチスの台頭を招き，ついには第二次世界大戦での終末的な大敗北を喫した（ドイツの死者，約500万人）。

　宗教改革の成果があったとはいえ，工業化以前の学校における教育の質は低かった。ひとりの教師がたったひとつの教室で100人を超える生徒を教えるということも稀ではなかった。工業化が進み始めた当初，子どもの低賃金労働への需要が高まり，一時的に識字率が工業化以前よりも下がった可能性がある。18世紀中期以降，ツンフト（同業者組合，ギルド）に加入するためには読み書き能力と教理問答の一部を暗記していることが求められていたが，1820年代の職人（織物マイスター）の記録によれば非識字率が3分の1にも及んだ。

　しかし，工業化が進み，法整備がなされると状況は変化した。1839年のプロイセンの工場法は，子どもが少なくとも3年間の学校教育を修了せず，満9歳に達していない場合の工場就業を禁止した。19世紀半ば頃には，ドイツの学校教育の質の高さが各方面から指摘されるようになった。イギリス初の「教育学教

授」ペイン（J. Payne）は，1874年にドイツの学校を訪問し，プロイセン，バーデンといった地域の基礎教育が優れているのは「間違いなくペスタロッチ主義の影響によるものである」とし，辛口の彼には珍しく，「ザクセンがそうしたように，…フレーベル教育法をペスタロッチ教育法に加味した時，基礎教育は，人間が工夫しうる最高のレベルに達した」と絶賛した（オルドリッチ　2013：252）。

4.　イギリスの公教育

　イギリスは，1588年，大航海時代の先駆的覇者スペインの無敵艦隊（アルマダ）を破り，ヨーロッパ最強の海洋国家として名乗りをあげた。19世紀には世界最強となったイギリスを支えたエリートたちは，一体どのような教育を受けたのか。その核心は，パブリック・スクールにある。エリート層のほとんどがそこで学び，同窓生同士が一生涯の絆で結ばれるからである。パブリック・スクールでは，長く古典語（ギリシア語・ラテン語）の学習を中心とした教育が行われてきた。最も古いパブリック・スクールは中世に誕生し，キリスト教の強い影響下にあって，聖書の学習に必須の古典語（聖書は元来ギリシア語で書かれていた。後代になるとラテン語訳が一般的）は当然カリキュラムの中心とされた。

　上記のエリート教育のありように加えて，イギリスの教育の大きな特徴は，ヴォランタリズムにある。19世紀以降，中央政府の干渉を免れたものなど何ひとつないという指摘もあるが，フランスとは対照的に，上からの改革で様相が一変するということはあまりない。同業者たちが自発的に自助努力によって改革を行う伝統が強く，各方面との協議を経ながらゆっくりと変更がなされていくのが通例である。改革のスピードは遅くとも，中央の専横を許さない足腰の強さが美点である。ただし，このような改善のあり方は，自助（セルフヘルプ）を行う余力のある階層では可能だが，貧しい人々にとっては難しい相談であったろう。

　1698年，キリスト教知識普及協会（SPCK，国教会系の全国組織）が結成され，それ以降，主に宗教団体が慈善として民衆の教育を整備していった。非国教会系の組織も，SPCKと同じように慈善学校を設立した。慈善学校では主に聖書，教理問答，簡単な読み書きが教えられ，時には男児に数学が教えられる場合も

　幼い子どもの教育に対して長らく人々の関心は薄
かったが，19世紀以降，個性を大切にする，高い普遍
性をもった幼児教育を実践する人々が現れた。その
ひとりがモンテッソーリ (M. Montessori) である。モ
ンテッソーリはイタリア初の女医で，彼女の教育思
想と実践の背後には子どもを深く観察する科学者と
してのまなざしがある。モンテッソーリは教育の根
本原理は子どもの自由，すなわち子どもが個別に自
由に発達することであると考えた。モンテッソーリ
の思想に基づく幼児教育を受けた人々から，独創性
豊かな天才 (Amazon.com創設者，Google創立者など)
が数多く輩出しているのは単なる偶然ではない。

マリア・モンテッソーリ：
天才たちを育みつづける偉
大な母
出典：(写真) Noske, J.D., オラ
ンダ国立公文書館／ Anefo

あり，女児には読み書きよりも針仕事が好んで教えられた。18世紀末から19世
紀にかけて，最も普及したのは日曜学校であった。1851年，日曜学校で学ぶ者
の数は200万人にも及んだ。仕事のために日曜日以外は学校に行けない子ども
たちの需要に合致していたのが盛況の理由であった。これ以外に，助教法学校
(助教法とは生徒の中から複数の助教を選抜し教育・秩序維持に関与させるシステム)
もあり，19世紀半ばまで盛況を極めた。

　国による基礎教育の整備が始まったのは，1830年代以降のことである。1833
年，工場法により就労児童に対する一定の基礎教育が義務づけられ，国民協会
(国教会系)と内外学校協会(非国教会系)を通じて学校を設立するという形で国
庫助成が始まった。1862年には改正教育令が成立，悪名高い「出来高払い制度」
による助成金配分方式が取り入れられた。普通選挙(身分，財産などで差別されな
い)の実施に向けた選挙法の改革が進むにつれて，選挙民を判断力のある公衆
に育てあげるという課題は国にとって不可避の責任問題となり，ついに1870
年，基礎教育法が成立した。国民協会あるいは内外学校協会が運営する学校が
ない地域には学務委員会が組織され，地方税を徴収して学校を設立して基礎教

育を行うことになった。宗教団体が作った学校と公的機関が作った学校が入り乱れて存在するという，まるでパッチワークのような制度ではあったが，ともあれ国民皆学の体制がついに整えられた。1880年教育法では義務制が，そして1891年教育法では無償化が実現した。

おわりに

　西洋では，語り継がれた神話・物語を母体に，哲学をはじめ，知を高度化させる営みが長らく続けられてきた。19世紀における公教育の整備は知の普及にとってきわめて有意義であったが，すべての人が自由に平等に自分の望む教育を受け主体的に学ぶ，という理想には届かなかった。高度化，普遍化，個性化を同時に実現するため，今も地道な努力が続けられている。

［本多みどり］

●発展課題●
① ギリシアで哲学や民主政体が発展した背景を考えながら，ギリシア人の教育の内容について調べてみよう。
② 近代におけるナショナリズムの台頭の背景を考えながら，各国の公教育の進展について調べ，現在の教育とのつながりを考えてみよう。

　お薦め図書

柄谷行人（2012）『哲学の起源』岩波書店
　柄谷は，交換様式（A：贈与の互酬，B：支配と保護，C：商品交換，D：ABCを超えた何か）から社会をとらえ直す。Aの相互扶助的社会が，BCによって解体され，BCの問題性も明らかな今日，Aの呪術性を脱した世界共和国Dはありうるのか。そのような最初の事例であるイオニアの政治と思想を取り上げ，哲学の起源に迫り，現代人のとるべき道を模索する。必読の書。

引用・参考文献
浅野啓子・佐久間弘展編著（2006）『教育の社会史—ヨーロッパ中・近世』知泉書館.

江藤恭二監修（2008）『新版　子どもの教育の歴史—その生活と社会背景をみつめて』名古屋大学出版会.

オルドリッチ, R. 著, 本多みどり訳（2013）『イギリス・ヴィクトリア期の学校と社会—ジョゼフ・ペインと教育の新世界』ふくろう出版.

勝山吉章編（2011）『西洋の教育の歴史を知る—子どもと教師と学校をみつめて』あいり出版.

柄谷行人（2012）『哲学の起源』岩波書店.

桜井万里子（2011）「第2章 古代ギリシアの社会をジェンダーの視点から読み解いてみる」長野ひろ子・姫岡とし子編著『歴史教育とジェンダー—教科書からサブカルチャーまで』青弓社.

スミス, A. D. 著, 巣山靖司・高城和義監訳（1999）『ネイションとエスニシティ—歴史社会学的考察』名古屋大学出版会.

ディルセー, S. 著, 池端次郎訳（1988）『大学史（上）（下）』東洋館出版社.

デントラー, C. 著, 福山猛訳（1961）『改革者の妻 カタリナ・ルター』聖文舎.

トッド, E. 著, 荻野文隆訳（2008）『世界の多様性 家族構造と近代性』藤原書店.

バターフィールド, H. 著, 渡辺正雄訳（1978）『近代科学の誕生（上）（下）』講談社学術文庫.

ハラリ, Y. N. 著, 柴田裕之訳（2016）『サピエンス全史—文明の構造と人類の幸福（上）（下）』河出書房新社.

廣川洋一著（1990）『ギリシア人の教育—教養とは何か』岩波書店.

フレイザー, J. G. 著, 吉川信訳（2003）『初版 金枝篇（上）（下）』筑摩書房.

ヘンリー, J. 著, 東慎一郎訳（2005）『一七世紀科学革命』岩波書店.

松岡正剛（2001）「千夜千冊241話：ウンベルト・エーコ 薔薇の名前」https://1000ya.isis.ne.jp/0241.html（2018年5月10日最終閲覧）

安原義仁他（2001）『エリート教育』ミネルヴァ書房.

リシェ, P. 著, 岩村清太訳（2002）『ヨーロッパ成立期の学校教育と教養』知泉書館.

ルゴフ, J. 著, 柏木英彦・三上朝造訳（1977）『中世の知識人—アベラールからエラスムスへ』岩波書店.

レオン, A. 著, 池端次郎訳（1969）『フランス教育史』白水社.

第4章

日本における教育の歴史 (1)
──学校と教育の近代化

┌─ **キーワード** ─────────────────────────┐

階層と教育，近代公教育制度，複線型学校制度，教育勅語

└──────────────────────────────────────┘

はじめに

　本章では，古代から始め，1945年のポツダム宣言受諾直前までの日本の教育の歴史について，教育の制度を中心に説明していく。近代に至るまで身分や社会階層によって不平等であった教育の機会が，近代公教育制度の成立とともに国民皆学を目指して拡大された。その学校制度が1945年に至るまでに国家および国民にとってどのような役割を果たしたのかを考えてほしい。

第1節 ┃ 近代に至るまでの教育

1. 古代から中世の教育

　教育の歴史は，人間形成と世代交代の歴史である。文字による記録が残されるようになるはるか昔から続いてきた，子どもを一人前の大人へと育てる習俗の歴史から始まっている。教育の歴史の中で，国家や社会の必要から学校という教育制度が発明されて以来，学校は社会に大きな変化をもたらし，学校における教育が，子育てを含む教育の営み全体に対して大きな意味や影響をもつようになった。

　近世以前の日本の学校制度は，古代・中世・近世それぞれの時代ごとの特徴をもっている。古代とは，おおむね平安時代までをさす。多くの文化・技術は大陸からの渡来人によってもたらされ，4, 5世紀から一部の支配者層を対象に，文字教育も行われるようになったとみられている。農耕社会の発展と国家の統

49

一の過程で，支配層と支配される層への階級分化と，支配層への富の集中が進んだ。そこで，学校はまず支配層のものとしてつくられたのである。

　701（大宝元）年の大宝律令の制定によって，日本は律令国家としての形を整えた。中央と地方に行政制度をつくり，必要とされる官僚を養成するための大学寮を中心に支配者層のための教育制度が設けられた。一方で，庶民の自発的な学習意欲に支えられた文字学習の場が，ごく少数ではあったが存在した。庶民への教育の場としては，唐へ渡って真言宗を学んだ僧である空海が創設した綜芸種智院が知られている。

　中世とは，1086（文治2）年に白河上皇の院政が始まり武家社会が形成され始める時期から，江戸幕府の成立までの時期をさす。京都を中心に発達した文化が地方に伝えられていき，学問の場が広がった。武士の子弟は一般に寺院で教育を受け，『庭訓往来』などが教科書として使われた。室町時代から戦国時代にかけて，関東地方の最高学府とされた足利学校では，儒学を中心とした教育が行われ，日本各地から集まった多くの武士や僧侶が学んだ。この頃の庶民は生活や労働の場で生きるための知識や技術を学ぶことが中心であり，とりたてて文字を習うことは少なかったが，地方の指導者層にも読み書き算の必要性が少しずつ自覚されるようになり，寺の住職が子どもたちに文字を教えていた記録が残されている。しかし，教育によって伝えられる知識は，主に支配層が社会を維持していくために必要不可欠なものであり，庶民にとっては，文字を習うことが生きていくために必要とはいえなかった時代が長く続いた。

2.　近世の教育機関

　近世とは，おおむね江戸時代をさす。幕藩体制の成立によって，江戸幕府を中心とした封建的な国家体制がつくられた。士農工商の身分を定めて社会秩序を維持することが目指され，身分ごとに異なる学問文化や教養が形成された。支配層である士族にとっては，その社会秩序を維持することが必要であるため，士族の学問・教育としては，儒学の中でも秩序を重んじ仁義忠孝を説く朱子学が中心とされた。儒学者の一門である林家は，朱子学を教授する教育機関

として聖堂学問所をつくり，幕府によって手厚く保護された。それぞれの藩においては，藩士の子弟のために儒学と武術の鍛錬を中心とした藩校が設立された。

　他の教育機関としては，身分を超える自由な学問・教育機関であった私塾がある。私塾は，江戸時代を通じて1,500ほど存在していたといわれており，学問内容もさまざまであった。江戸時代前期には儒学の塾が多く見られたが，次第に国学や蘭学（のちに洋学）の塾もつくられた。幕末にかけて存在した著名な塾としては，広瀬淡窓の咸宜園，吉田松陰の松下村塾，緒方洪庵の適塾，シーボルトの鳴滝塾などがある。こうした塾には全国各地から向学心のある者が学びに訪れた。

　また江戸時代中期以降につくられた教育機関に郷学がある。郷学には藩によって設けられたおもに藩士子弟を対象としたものと，地方住民によって設立され庶民を対象としたものとがあった。庶民の教育の必要性を感じて教育をはじめた藩もあり，たとえば岡山藩は，藩校以外にも藩士だけでなく庶民も学ぶことができる閑谷学校をつくった。これには，従来農民などへの教育を寺が行っていたのに対し，その教育を藩が掌握する意味があったといわれるが，庶民に教育を開くことになった。

　庶民のための教育機関は寺子屋または手習い塾と呼ばれる。中世の寺院において行われた文字教育が拡大し，次第に庶民への文字教育が進み増えていったところから寺子屋と呼ばれ，江戸時代中期以降，子ども向けに読み書き算の初歩を教えた庶民教育の場として普及した。師匠は，僧侶・神官・浪人・庄屋などさまざまであり，都市部では女性の師匠もいた。入門の年齢はまちまちで，だいたい6～7歳で寺入りし，おもに師匠が個別に指導をする形で学習が進められた。読み書き算の初歩から習い，『庭訓往来』などの往来物（もとは手紙の模範文例を集めたものから発達した），『実語教』・『童子教』など仏教教説をもとにした教訓書などを教えるところや，女子向けに裁縫も教えるところがあった。寺子屋の普及とともにさまざまな教材が工夫されるようになり，たとえば「商売往来」のように商売に必要な語彙をあつめた往来物が作られるなど，庶民に

読まれた往来物は7,000種類に及ぶとされる。

　このように庶民の読み書きの学習はかなり普及し，識字率の高さに結びついたといわれている。19世紀末に日本に来たロシア人ゴロヴニン（Vasilii M. Golovnin）は，自ら著わした『日本幽囚記』において日本人の識字能力の高さに驚いたことを記している。郷学や寺子屋の中には，明治期になって小学校が発足する際に，母体とされたものも多くあった。

3.　幕末維新期

　18世紀末には，商品経済が発展し，封建的な幕藩体制が動揺しはじめる。農村では，暮らしの困窮から，一揆や村方騒動がさかんに起こるようになった。封建制度の動揺は，とくに幕府・諸藩の財政危機の深刻化となってあらわれた。寛政の改革を行った老中松平定信は，1790（寛政2）年の寛政異学の禁により，思想統制を図り朱子学以外の学問を禁じた。その際，聖堂学問所は，江戸幕府の直轄学校である昌平坂学問所とされた。しかし幕藩体制の動揺は続き，社会情勢の変化を反映するように新しい学びが求められ，国学や洋学の塾が増加した。欧米列強からの開国の圧力の高まりと，同時に排外思想の高まりなど，社会の状況が大きな変化を見せ始めた。

　1853（嘉永6）年，アメリカ東インド艦隊司令長官ペリーの率いる軍艦が浦賀にあらわれ通商を求め，1858（安政5）年，日米修好通商条約が結ばれた。欧米諸国との国力の差を強く感じた幕府は，国防・外交上の見地から西洋文化について知り研究するために，洋学の教育機関を設けた。翻訳や語学教育などを行った蕃書調所，医学所などである。また1862（文久2）年に幕府が海外渡航を許可して以降，幕府や有力な藩が留学生を外国に送るなどして，知識や技術力などを高めようとした。しかし幕藩体制の動揺はやまず，1867（慶応3）年，大政奉還が行われ近世は終焉を迎えた。

第2節 | 近代公教育制度の成立

1. 学 制

　明治政府のもとで急速な近代化が進められたが，教育制度の充実や学校の設立は，近代化を目指すうえで重視されたことの一つである。

　明治初期には，地方独自の動きもあった。京都府は，早くも1868（明治元）年に市内を番組に区分し，各番組に1小学校を設置するよう奨励した。翌年末までに64校が設置されている。設立時期が早く行政の手で組織的に設置されたため，近代小学校のさきがけと評価されている。

　明治維新後の1871（明治4）年，廃藩置県によって幕藩体制が完全に終わり，新たな中央集権体制がつくられた。同年，明治政府は欧米各国の情報を得ることや不平等条約改正の予備交渉を目的として，岩倉具視を特命全権大使とする使節団を派遣した。使節団は，各国の法制度や工場などの産業機関，陸海軍などのほか，教育の制度や学校についても視察の対象とした。

　教育を管轄する文部省が設置され，政府は1872（明治5）年に近代公教育制度の整備に着手する。それが「学制」である。学制の理念は，「学制序文」（学事奨励に関する被仰出書）に示された。その特徴は，身分によって享受できる学問や教育が限定されていた封建的な教育観を否定したことである。「学問は身を立てるの財本」とし，個人が学ぶことによって社会で身を立てていくべきである（立身出世主義）とした。また，儒学中心の学問を否定して実地に役立つ学問を重視し（実学主義），「必ず邑に不学の戸なく家に不学の人なからしめん」とすべての国民が教育を受けるべきであるとした（国民皆学）。このような近代公教育制度は，多くの人に教育の機会を与えるという意味をもつが，他方で，これまでの歴史の中で中央権力によって画一化されていなかった民衆の教育が，国家に統制されるという面を合わせもつことになった。背景には，欧米諸国をモデルに国民教育を普及させ，殖産興業・富国強兵を目指す近代国家の建設を急ごうとする政府の考えがあったといえる。

　「学制」では，全国を8つの大学区に分け，各大学区に大学を1校置き，1大学

区を32の中学区に分け各中学区に中学校を1校置き，1中学区を256の小学区に分け各小学区に小学校を1校置くという構想であった。小学校は，上下二等に分かれ，各4年の尋常小学を基本としたが，当分の間，地域の実態に応じて，小学私塾・村落小学・貧人小学などを認めていた（図4.1）。実施後5年ほどで，25,000ほどの小学校が設置され，学校制度の急速な普及が見られた。しかし小学校の設置費用や授業料については受益者負担の原則が取られたために，校舎を新築することができたケース

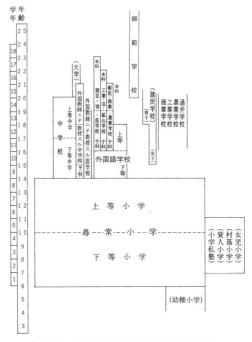

図4.1　1873（明治6）年の学校系統図
出典：文部省（1992：762）

はさほど多くなく，寺子屋をもとに名前だけが小学校となっただけのようなものもあった。学校にかかる費用による経済的負担の重さのために，新政反対一揆や地租改正反対一揆の一環として学校打ちこわしなども起こった。また，このような学校教育の制度は国家の必要性から設けられたものであり，庶民にとっては，新たな教育制度やアメリカの教科書を直訳した翻訳教科書を用いた授業などを受ける意味は理解されず，実質的な就学率は30％程度に留まり，また女子の就学は男子より少なかった。学制発足直後の学齢児童就学率は，表4.1の通りである。

　中等教育以上の学校については，海外から専門教育に携わることのできる「外国教師」（御雇教師）を招聘し，近代化を図ろうとした。また学校の設置に伴う教員の需要を満たすために，教員養成を行う師範学校が府県ごとに整備されていった。

表4.1　学制発足当初の学齢児童就学率

年　　度	計（%）	男（%）	女（%）
1873（明治6）年	28.13	39.90	15.14
1874（明治7）年	32.30	46.17	17.22
1875（明治8）年	35.43	50.80	18.12

出典：日本近代教育史事典編集委員会（1971：93）（データは『文部省年報』による）

2. 「教育勅語」と国家による教育制度の確立

　文部省は，学校設置への民衆の抵抗に対して政策の修正を考えた。1877（明治10）年，アメリカの教育視察を行い帰国した文部大輔田中不二麿は，アメリカのように地方分権的な教育制度を目指し，地域の実情に応じて教育内容の簡略化や時間の短縮を行い，学校の費用削減などを行うことを決め，1879（明治12）年に学制を廃止して「教育令」を公布した。これは自由教育令とも呼ばれ，地域の実情に応じた民衆の自発的な議論を引き起こす役割を果たした。また教育の自由を求める教員の中には，自由民権運動と結びついた者もあった。

　同じ頃，自由民権運動を弾圧する方針を固めていた政府は，田中不二麿を異動させ，教育令の公布後すぐに軌道修正を図った。背景には，教育を中央集権的に統制しようとする力の強まりがあった。中心となった人物は，西欧化に反対し儒教主義に基づく仁義忠孝の道徳教育を学校教育の中心に据えるべきであると考える元田永孚らであった。1880年，教育令は改正され，教育の国家による統制が明確にされた。その内容には，就学義務を3年と明確化すること，町村の公立小学校の設置義務を強化すること，修身を筆頭教科とすることなどが含まれていた。

　1885（明治18）年に内閣制導入後の初代文部大臣となった森有礼は，「富国」に必要な近代化を目指す教育構想と，「強兵」の前提となる愛国心を育てる国家主義的な道徳教育を結びつけようとした。1889（明治22）年の大日本帝国憲法の発布や帝国議会の開会によって政治熱が地方にも高まり，民権派議員の勢力が増したことを憂慮した山県有朋首相は，天皇に，教育にも絶対的な精神的支柱の設定が必要であると申し出た。そして1890（明治23）年に「教育勅語」が渙発されたのである。教育勅語は，井上毅の草案に元田が修整を加えて起草さ

れた。教育勅語が成立するまでには，旧来の儒教道徳を重視する明治天皇の側近である元田らと，欧米の教育にならい知識を重視する伊藤博文らとの間に，教育の方針を巡る論争があったが，結局は儒教道徳を柱とする教育勅語が成立し，絶対不可侵の教育の柱として扱われるようになったのである。

「教育勅語」は，天皇統治の正当性を明らかにし，その統治を「人民」が「忠孝」の精神を以て受け入れてきたことが「国体ノ精華」であるとし，「教育ノ淵源」はここにある

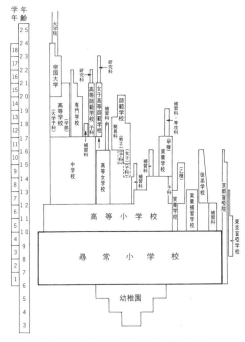

図4.2　1900（明治33）年の学校系統図
出典：文部省（1992：765）

としている。「爾臣民父母ニ孝ニ……」と示された個人と社会における道徳は，「一旦緩急アレハ義勇公ニ奉シ以テ天壌無窮ノ皇運ヲ扶翼スヘシ」として国家道徳に結びつけられた。成立以降，教育勅語は，教育だけでなく学問や宗教，思想信条の自由を抑圧する機能を果たした。たとえば，1891（明治24）年，第一高等中学校の教師でありキリスト者であった内村鑑三が，儀式において教育勅語奉読の際に深々と拝礼しなかったことをとがめられ，辞職することになった（不敬事件）。このように教育勅語を絶対視する体制が第二次世界大戦の終結に至るまで続いた。

森文相は，1886（明治19）年に「帝国大学令」「小学校令」「中学校令」「師範学校令」を公布し，学校の系統化を図った。師範学校は国民教育の要となる教員を養成するための学校であり，尋常・高等の2種に分けられ，全寮制で「軍

人流儀の訓練法」を用いた教育を行った。1899（明治32）年には，「高等女学校令」「実業学校令」「私立学校令」が制定され，中等教育の整備が行われた。ここで進学と実業教育，男子と女子のための学校が区分され複線型（フォーク型）の学校制度となった（図4.2）。

　また「学問」と「教育」は分離され，一定の学問の自由が容認されるのは，男子のみに開かれた中学校・高等学校・帝国大学においてのみであり，庶民への「教育」は，実際には皇国民を育てるための「教化」として働いた。

第3節 ｜ 女子教育と私立学校

　「学制」によって，初等教育における女子の教育が制度化され，男女平等の教育が目指される条件ができた。しかし，歴史的につくられてきた男女間の教育における格差や意識の違いは，簡単に是正できるものではなかった。

　明治初期に創立された私立学校には，中等教育機関としての役割を果たすことを目的とした学校が多いが，女子の教育を行った学校もある。とくに明治10年代頃までは，学校ごとに独自の教育方針を掲げ，自由な女子への教育が行われていた。分類すれば，キリスト教主義・仏教主義など宗教をよりどころとした学校，儒教主義的教育を掲げた学校，職業教育を掲げた学校などがあり，多くが私立学校であった。女子を対象とする，より高度な教育は，私立学校が先駆けて行っていたといえる。

　たとえばミッションスクールとして設立された学校では，男女平等の思想のもと，おおむね聖書や英語，音楽なども教え，それまでの日本にはなかった教育を掲げた。ただし，このような教育がただちに庶民に普及したわけではなかった。あるミッション系の女学校では，正科で聖書・英語・音楽などを中心とした教育を行っていたが，生徒募集のため正科で学ぶ力の不足している生徒を対象に短期間で履修する技芸部を置き，和裁・洋裁・ピアノ・オルガンなどを教えた。当時の女性にとっては，裁縫は家事になくてはならない技術でもあり，洋裁を習うことも歓迎されたようである。

しかしこのような多様性をもった女子教育は長くは続かなかった。1870年代の末頃，元田永孚らによって儒教主義教育の復活が強調された頃から，国全体に西洋的な思想を退けようとする動きが強まり，女子中等教育は，増設された公立の高等女学校における儒教道徳を柱とした教育に再編されていった。そのため，私立女学校，とくにキリスト教主義の学校は入学者が減り経営が圧迫された。

　森文相は女子教育の重要性を説き，1888（明治21）年に東京高等女学校の卒業式で「けだし賢良なる女子に非らざれば，賢良なる慈母たるを得ず」と述べ，次第にこのような考え方をもとに，いわゆる良妻賢母主義教育が形成されていった。1895（明治28）年の「高等女学校規程」においては，女子も国策を支えるものと位置づけ，主たる役割を家庭にあるものとした教育を打ち出し，1899（明治32）年には「高等女学校令」が制定された。

　女子のための学校である高等女学校は，男子のための学校である中学校と同じ中等教育機関でありながら，「高等」という名称に見られるように，中学校のような進学を前提としない女子の最高水準の教育とされていた。修業年限は，中学校が5年，高等女学校は4年が標準とされた。女子への教育が不要とされてきた時代が長きにわたったために，女子の社会的地位や学力は低いままであったが，その格差は是正しようとはされなかった。1901（明治34）年の「高等女学校令施行規則」による4年制高等女学校の学科課程と中学校の週当たり時間数の比較をすると表4.2のようになる。男子向け・女子向けに異なる学科が設定され，週時間数にも差があることがわかる。

　一方，就学率を上げるために女子向けの初等教育を充実させようと，小学校での男女別学，裁縫教育の定着，女性教員の増員が行われた。貧しい家庭では女子は労働力でもあり，教育の必要性はほとんど認められていなかった。そのため家事労働の傍ら就学させる試みとして，子守学校がつくられた地方もあった。このように女子に対する教育も，社会階層によって分けられた状態にあり，最低限の読み書きを学ばせる層，初等教育と家事を学ばせる層，高等女学校において女性向けの中等教育を与える層とに分離されていた。

表4.2　高等女学校と中学校の学科課程および週時間数の比較 (1901年)

学科目	高等女学校（配当学年・週時間数）		中学校（配当学年・週時間数）	
	配当学年	週時間数	配当学年	週時間数
修　身	各学年	2	各学年	1
国　語	1・2年 3・4年	6 5	1・2・3年 4・5年	7 6
外国語	各学年	3	1・2・3・4年 5年	7 6
地理歴史	1・2・3年 3年	3 2	各学年	3
法制及経済	—		5年	3
数　学	各学年	2	1・2年 3・4年 5年	3 5 4
理　科	1・2年 4年	2 1	1・2・3年 4・5年	2（博物） 4（物理化学）
図　画	各学年	1	1・2・3年	1
音　楽	各学年	2	1・2・3・4年	1（唱歌）
体　操	各学年	3	各学年	3
家　事	3・4年	2	—	
裁　縫	各学年	4	—	

出典：櫛田真澄（2009：265-266）を参考に筆者作成

　また，明治初期から行われてきた私立学校の教育は，「高等女学校」や「中学校」としての認可を受けなければ各種学校のままであった。1899（明治32）年の「私立学校令」は，私立学校の認可などについて定めた勅令であるが，直接の目的は，私立学校への監督強化と，条約改正に伴い外国人が私立学校の経営者となることを妨げることであった。つまり，ミッション系の学校を意識してキリスト教を学校教育から排除する目的があり，学校における宗教教育を禁止した文部省訓令第12号とも関連し，一層規制が進んだ。キリスト教主義の学校の中には，その建学の精神を維持するために，正規の中学校や高等女学校に昇格せずに，各種学校のままであることを選択した学校もあった。

　このようにして，性別や社会階層によって分離した教育を維持しながら，学校制度が整えられていった。同時に，学校と教育における多様性は次第に失わ

れ，国家主義的な教育へと画一化されていったのである。

第4節 | 学校教育の定着から国家主義的教育へ

1. 初等教育の普及

　1890年代の後半になると，義務教育就学率は次第に上昇し，1899（明治32）年には70％を越えた。しかし，実質的な卒業率は30％程度であったといわれる。中途退学の多い理由は主に，貧困のために子どもが労働力として当てにされていたことと，学力不振のため進級や卒業判定の試験に合格することができないことであった。1900（明治33）年，小学校令改正が行われ，修業年限を4年に統一し授業料を原則として廃止した。これは画期的なことであったが，同時に町村の学校設置義務を免除し，その区域の保護者の就学義務を免除した。国民皆学を掲げながらも，国からの財政的な措置が取られることはなく，学齢児童の雇用が禁止されることもなかった。就学率は上昇したが，まだすべての子どもに教育が保障されたとはいえなかった。

　この頃，資本主義の進展とともに都市に産業資本が集中し，農村や生産手段をもたない都市部の労働者は貧困状況に置かれていた。この状況の下で，労働争議が多発し，労働運動として組織化されたり，社会主義思想が普及したりし始めた。このような動きに対して，国家における国民の統合のために，社会主義思想や市民的自由を求める思想を次第に弾圧し，教育の面では教化が強められていくことになる。1903（明治36）年に小学校の教科書は国定化され，文部省が著作するものとなり教育内容が画一化された。

　同じ頃，台湾・朝鮮半島・中国東北地方などを植民地として支配しようとした日本は，民族のアイデンティティを奪い，学校教育によって「準日本人」として教育する皇民化政策を取った。たとえば朝鮮半島においては，1906（明治39）年以降，学校制度の改変を行い，朝鮮の歴史や地理の学習を排除して日本語・教育勅語の教授を基本とした修身・実業科目重視の教育を行った。

2. 大正新教育運動

　1910（明治43）年頃には，産業革命と資本主義が進展し，農村から都市への労働力の流入が活発になっていった。同時に，教育を通じて獲得することができる読み書き算の能力や学歴が社会階層の移動を可能にし，社会的に役立つものであることが庶民の目に見えはじめ，小学校への就学率は98％に達した。経済力を身につけた都市新中間層は，わが子の教育について強い関心をもち，子どもの個性や能力を伸ばすことを重視した教育を求めるようになった。いわゆる「教育家族」の誕生である。こうした意識を背景に，大正新教育運動が発展した。この頃には，国際新教育運動の流れと呼応しながら欧米の教育論が数多く紹介され，一部の師範学校附属小学校や新設された私立学校などにおいて，特色ある教育が行われた。私立学校では，沢柳政太郎の成城小学校，小原國芳の玉川学園，羽仁もと子の自由学園，野村芳兵衛らの池袋児童の村小学校などがある。また，山本鼎らの芸術教育運動や北原白秋・鈴木三重吉の『赤い鳥』など児童中心主義的な教育観に基づく新しい運動が展開した。

　1920（大正9）年には，下中弥三郎を中心に日本教員組合啓明会が結成された。教育改造の四綱領として，「教育理想の民衆化」「教育の機会均等」「教育自治の実現」「教育の動的組織」が掲げられ，人類愛に基づいた教職のありかたを説き，教育を受ける権利を人間の権利の一部とし，教員が隷属的地位から解放されるべきことを主張した。

　一方で政府は，自由主義思想や社会主義思想が，学生や労働者に広がっていくことなどへの危機感から，次第に取り締まりを強めていくことになる。大正デモクラシーと呼ばれた精神的に自由な空気があった時期は，1925（大正14）年の普通選挙法と治安維持法の成立以降，収束させられていった。

第5節 ｜ 戦前から戦時下にかけての教育と学校

　1929（昭和4）年に始まった世界大恐慌の影響を受け，日本の経済は打撃を受けた。影響は経済のあらゆる面に及んだが，とくに農産物生産価格の下落は深

刻な影響を与えた。追い打ちをかけるように，1931年以降に凶作に見舞われた東北地方では，経済的困窮から娘の身売りや欠食児童の増加などの深刻な事態が生じ，十分な財力のない村などでは，教員給与の未払いも起こった。都市部では貧富の差が広がり，進学などの面で大きな格差が生じた。

満州事変（1931-1933）以降，国内には「非常時」のかけ声が高まり，軍部の勢力が台頭した。1932（昭和7）年の国民精神文化研究所の設置により，国民の思想を統一しようとする思想善導政策は，学生だけでなく教育者・学者・文化人へと拡大した。1935（昭和10）年，東京帝国大学名誉教授であった美濃部達吉が学説を攻撃されて貴族院議員を辞職した天皇機関説事件などの後，「国体明徴」に基づく「教学刷新」が教育政策の中心課題とされた。1936年の教学刷新評議会の答申では，西洋的思想を排して日本の国体を明らかにする思想を打ち立てる考えから，教育・学問も天皇の祭祀や政治と不可分であるとの見方を示し，明治期以来の教育観に大きな変化がもたらされた。つまり，それまでエリートの教育（学問）と臣民の教育（教化）とが分けられ二重構造化されていたものを「教学刷新」の名の下に統一した。教育や学問は思想的な面でも統制され，それまで限定つきとはいえ大学において許容されてきた学問の自由すら否定されたのである。

こうしたなかでも，学校において子どもの生活の現実に即した教育を行い，たくましく生きる力を育てようとする教師たちもいた。農村の復興のために郷土の生活を理解させようとした郷土教育運動は，国が展開しようとした郷土教育とは異なる郷土の科学的な理解を重視した。生活綴方教育運動は，子どもたちに現実の生活を綴ることをさせながら，現実を見つめ考えたことを学級で学び合い，困難を克服する力を育てようとした。また，教科の学びと生活を結び付けようとした生活教育運動や，社会主義思想の影響を受け，子どもたちに労働者の立場から社会をとらえさせようとしたプロレタリア教育運動，雑誌『教育』を媒介として教育学と教育実践を結び付けようとした教育科学研究会の活動などがある。しかし，戦時体制の強化に向けて教育への統制が強まるなか，政府は，こうした教育運動を許容することはなく，社会主義思想と結び付ける

などして治安維持法によって弾圧し，多くの教師らが検挙された。そのことにより，これらの運動も途切れてしまった。

　1937（昭和12）年，日中戦争が勃発し，国民精神総動員運動が開始された。官民一体で総力戦という非常事態に取り組むものとされ，小学校などにおいても子どもは神社の参拝・清掃をはじめとしてさまざまな勤労奉仕活動に動員された。同年に発足した教育審議会においては，すべての教育の目的を「皇国民錬成」とし，青年学校を男子の義務制とすること，中学校・高等女学校・実業学校をあわせて中等学校とすること，小学校を国民学校と改称し義務教育年限を2年延長し8年とすること，国民学校初等科における教科の統合などさまざまな改善策を答申した。なかには，高等女学校を女子中学校と改め女子高等学校・女子大学の設置を認めることや国民学校教員俸給の国庫負担化，貧困による義務教育就学猶予・免除の禁止，盲聾教育の義務制早期実施，障害児のための学級・学校の設置，夜間中学校の設置など，教育の機会均等の推進にあたり重要な改善策も提示された。しかし，実際には戦争の拡大により実現されなかったものも多く，義務教育8年制や女子高等学校・女子大学の設置も見送られ，中等学校の修業年限は1年削減された。

　1942（昭和17）年頃には，アメリカとの経済力や軍事力の圧倒的な差によって戦局が悪化し，学校での授業もままならない状況に追い込まれていった。労働力・兵員の確保のための修学年限の短縮，学生への徴集猶予の停止による学徒出陣，国民学校高等科以上の生徒の勤労動員などが行われるようになった。また，本土への空襲が日常化するなか，都市部の国民学校初等科の児童は，学童疎開によって親元を離れ地方の寺院などで集団生活をした。学校における教育の機能は停止した。

おわりに

　学校での教育が，支配層にある一部の人々のものであった時代は長く続いた。近代公教育制度の成立は，すべての人に教育を受ける機会を拡大したのである。しかし，近代公教育制度は国家の発展という目的によって維持される。

教育は国家に対する臣民の三大義務の一つであり，教育が一人ひとりの権利と
して保障される制度に近づくためには戦後教育改革を待たなければならなかっ
た。

［田渕久美子］

● 発展課題 ●
① 明治政府は，なぜ公教育制度が必要だと考えたのだろう。学校が国家のためにど
  のような役割を果たすことが期待されていたのか，まとめてみよう。
② 国家にとって，なぜ道徳教育が重要な問題であると考えられるのだろう。そこで
  教えようとしていることは何なのだろうか。考えてみよう。

····· お薦め図書 ···

① 黒柳徹子 (1981)『窓ぎわのトットちゃん』講談社
  トットちゃんの通った小学校は，実際に存在したトモエ学園という大正新教育の流れを汲
む学校の一つである。普通の小学校になじめず，トモエ学園に転校したトットちゃんが過ごし
た学校生活に，新教育の空気を感じることができる。

② 三浦綾子 (1994)『銃口』小学館
  三浦綾子の遺言ともいわれる小説で，テレビドラマ化もされた。戦前の北海道綴方教育連盟
事件という，生活綴方教育を実践した教師たちが治安維持法により弾圧された実際の事件を
もとに，戦争の時代の理不尽さを描いている。

···

引用・参考文献
石島庸男・梅村佳代編 (1996)『日本民衆教育史』梓出版社.
活水学院百年史編集委員会 (1980)『活水学院百年史』活水学院.
櫛田真澄 (2009)『男女平等教育の阻害要因—明治期女学校教育の考察』明石書店.
日本近代教育史事典編集委員会 (1971)『日本近代教育史事典』平凡社.
文部省 (1992)『学制百二十年史』ぎょうせい.

第5章

日本における教育の歴史 (2)
——戦後教育改革以降の教育

```
┌─ キーワード ──────────────────────┐
│                                          │
│  教育の機会均等，能力主義，単線型学校制度，教育基本法  │
│                                          │
└──────────────────────────────────┘
```

はじめに

　本章では，戦後の教育史について，GHQ / SCAPの占領下においてつくられた日本国憲法と教育基本法を軸とした教育改革から，2006年の教育基本法改正までを説明していく。日本の社会の変化とそれに応じた教育制度や教育内容の変遷を中心に取り上げる。今日の日本の教育が，どのような流れを経てつくられてきたのかを考えてほしい。

第1節 │ 戦後教育改革

　1945（昭和20）年8月15日，日本政府はポツダム宣言を受け入れ，無条件降伏した。ポツダム宣言には「民主主義的傾向ノ復活強化ニ対スル一切ノ障礙ヲ除去スベシ言論，宗教及思想ノ自由並ニ基本的人権ノ尊重ハ確立セラルベシ」と記されており，日本の民主主義国家としての再生が求められた。アメリカを中心とするGHQ/SCAP（General Headquarters / Supreme Commander for the Allied Powers：連合国軍総司令部）は，日本が軍国主義になったのは，学校における天皇制国家思想の注入が大きな要因であると考え，まず学校教育からそのような要素を取り除こうとした。学校を民主化するための最初の指示は，修身・国史・地理の授業停止，教育勅語の奉読禁止，御真影の返却，奉安殿の撤去，教科書の墨塗りの指示など多岐にわたった。

　翌1946（昭和21）年，GHQ / SCAP の中に置かれた CIE（Civil Information

and Educational Section：民間教育情報局）は，アメリカから教育の専門家を招き，教育改革を具体化する計画を立てようとした。3月に来日し日本の教育を調査した第1次アメリカ教育使節団の報告書では，とくに住民の選挙による公選制教育委員会の設置によって教育行政の地方分権化と民主化を行うこと，教師の職業上の自由の保障，単線型学校制度による教育機会の拡充・均等化を求めた。

　1946年11月3日，日本国憲法が公布，翌年5月3日より施行され，1947年3月に教育基本法と学校教育法が公布・施行された。憲法第26条には，国民の教育を受ける権利と保護する子女に教育を受けさせる義務，義務教育の無償がうたわれている。教育基本法は，国民主権・基本的人権の尊重・平和主義を掲げる日本国憲法の理念をふまえて，教育についての基本的な理念と原則を示すものであり，憲法と同じように，法律としては異例の前文がつけられ，教育の理念を宣言するものとなった。

　教育基本法は，日本側も積極的に関わってつくられたものであることが明らかになっている。前文には，日本国憲法の理念の実現は「根本において教育の力にまつべきものである」と記された。教育基本法が，日本国憲法と切り離せないものとしてとらえられることから，新しい戦後の教育を「憲法‐教育基本法体制」と呼ぶ。

　教育基本法において，教育の目的は「人格の完成」を目指し，「平和的な国家及び社会の形成者として，真理と正義を愛し，個人の価値をたつとび，勤労と責任を重んじ，自主的精神に充ちた心身ともに健康な国民」を育成することとされた。戦前の教育が「滅私奉公」を教えたことを否定し，一人ひとりの個人がよりよく人間として完成されることに教育の価値があることを示したのである。その他，教育の機会均等・義務教育・男女共学・学校教育・社会教育・政治教育・宗教教育・教育行政についての原則が示された。

　しかし国民にとって，長い間教育の指針とされてきた「教育勅語」の精神をすぐに払拭することは難しかった。1946（昭和21）年に文部省は，教育勅語を教育の唯一の淵源とする考え方や学校儀式での奉読をやめるよう通牒を出した。また1948年，衆議院・参議院が教育勅語の排除や失効確認を決議し，文部省は謄

本などの回収を通達した。

学校教育法施行によって，新しい学校制度は9年間の義務教育を実施する6・3・3・4制の単線型学校制度となった（図5.1）。

戦前の学校制度において中等教育段階の学校は，中学校・高等女学校・実業学校・国民学校高等科に分けられ，複線型（フォーク型）の学校体系となっていた（第4章参照）が，前期中等教育が新制中学校に一本化されたのである。男女共学を含む教育の機会均等の実現であった。このように戦後の教育制度は，平等と機会均等の原則を高く掲げたものであった。

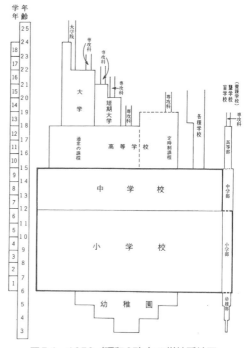

図5.1　1950（昭和25）年の学校系統図
出典：文部省（1992：769）

1948（昭和23）年度には新制高等学校が発足した。旧制の中等諸学校の格差をなくし，高等学校を地域に根付くものとすることを目的に，学区制・男女共学，および普通課程と職業課程を同一の高校内に置く総合制という「高校三原則」の方針がとられた。一方，私立学校については「高校三原則」が適用されなかったために，男女別の高等学校や中高併設の学校が多く見られた。

教育の内容については，国定教科書が廃止され検定制度の導入によって自由な教育が目指された。文部省は，1947年に『学習指導要領（試案）』を配布し，教育課程編成の手引きとしたが，これには強制力はなく「教師の手引き」という趣旨のもとに作成されたものであった。また新しい教育課程において，とく

に民主的な社会を作るための役割を期待されたのが，社会科であった。社会科は，当時のアメリカ教育学の主流ともいえる経験主義に基づいた教育を具体化したソーシャル・スタディーズという科目をモデルとしていた。経験主義教育の導入は，おもに小学校における生活単元学習の導入や地域教育プランなど，地域に根ざした学校の主体的な取り組みにゆだねられた。

第2節 | 戦後教育改革の転換と高度経済成長期以降の教育

1. 戦後教育改革の見直し

1949 (昭和24) 年頃から，アメリカとソ連の冷戦体制を背景にアメリカの対日占領政策が転換され，経済復興および共産主義諸国への「防壁」とすることが優先的な課題とされた。1951年にサンフランシスコ講和条約，日米安全保障条約が締結され，日本は主権を回復し，同時に自由主義陣営の一員として，アメリカと密接な関係を築いていくことになった。それに伴い，敗戦直後からの教育改革にも修正が加えられるようになり，この頃から教育政策の流れが大きく変化していく。

1950年代には，戦前の国家による弾圧によって途切れていた生活綴方教育の復興を担った日本綴方の会の発足や教育科学研究会の再建，数学教育研究協議会の設立などさまざまな民間教育団体が立ち上げられた。また日本教職員組合 (以下，日教組) による教育研究集会が開始されるなど，教師による自発的な研修の機運が高まった。

一方で教育行政は，戦後教育改革の見直しを強めていく。1956 (昭和31) 年には，公選制の教育委員会を定めていた教育委員会法を廃止し，「地方教育行政の組織及び運営に関する法律」が施行され，任命制の教育委員会が成立した。それまで地方分権化していた地方教育行政と，国・文部省による中央教育行政との一体化を図ることが目的であったといえる。またこの頃には，教員の勤務評定をめぐって文部省と日教組が対立するなど，統制的な教育政策に対する反発が見られるようになった。その後，教育の政治的中立性確保のためとして地

方教育公務員の政治活動を制限する「教育公務員特例法」が成立した。

　教育課程については，1958年改訂の学習指導要領から官報に告示されることになり，かつての試案という位置づけを改め，やがて法的拘束力があるものとして取り扱われるようになった。また道徳教育を徹底するという改訂の基本方針を受け，「道徳の時間」が特設され，愛国心を軸とした道徳教育の必要性も強調されるようになった。学習指導要領の基準性が強められた背景には，アメリカの経験主義教育を受け入れて行われた戦後新教育がうまくいかなかったために学力が低下したと指摘されたことがある。学習指導要領改訂は，系統学習を重視するとともに，学校や地域の主体性に任せるよりも中央集権的に教育の効果を上げようとする方針への転換であったといえる。

　また1952（昭和27）年の「義務教育費国庫負担法」によって，市町村立義務教育学校の教員給与費は，国と都道府県が2分の1ずつ負担していたが，学級編制の基準が都道府県によって異なっていたため，配置される教員数にもばらつきがあった。そのため1958（昭和33）年に，「公立義務教育諸学校の学級編制及び教職員定数の標準に関する法律」（以下，義務標準法）を定めた。義務標準法は，その後も改正が重ねられ今日に至っているが，1学級当たりの児童生徒数と配置される教職員の定数を全国的に平等になるよう設定したものであり，教育の自治体間格差の縮小に貢献した。

2. 高度経済成長と教育における能力主義

　1956（昭和31）年の『経済白書』には，「もはや戦後ではない」と記され，日本経済は高度成長の段階に入った。1960年に発表された国民所得倍増計画は，経済政策の一環としての人的能力の向上を強調した。急激な技術革新の時代にふさわしい「人材」の確保のために能力主義を徹底し，「ハイタレント・マンパワー」の養成が課題であるとされ，学校教育も巻き込まれていく。同年には全国一斉学力テストが，それまでの抽出調査から，すべての生徒が受検する悉皆調査へと変更された。この学力テストの目的が，経済界の要請を背景とした優れた人材の開発政策であったことに対して，各地で反対運動が行われ国民の教

育権をめぐって裁判で争われた。

1966（昭和41）年に発表された中央教育審議会答申「期待される人間像」は，教育基本法の理念を修正し，日本人としての自覚や愛国心を強調するものであった。1968年告示の小学校学習指導要領，および1969年に告示された中学校学習指導要領においては，「神話教育」の復活や「日本人としての自覚」を取り入れた内容になった。またアメリカにおけるスプートニク・ショック（1957年，ソ連が人類初の人工衛星スプートニクの打ち上げに成功し，冷戦状態にあったアメリカにとくに大きな影響を与えた）に端を発した「教育の現代化」の影響も見られ，理科や数学に高度な内容が取り入れられた。

この頃にはまた，国民の教育要求が著しく高まった。1970（昭和45）年の高校進学率は82.1％である。1950年の高校進学率が42.5％であったので，いかに急激に進学率が上昇したかわかる。またその後，大学・短大進学率も上昇していった（表5.1）。

このように進学率が急上昇した理由は，単線型学校制度の採用によってすべての人が進学の機会を得られたこと，高度経済成長によって生活水準が向上

表5.1　高校および大学・短大進学率の推移

年	高校進学率（％）	大学・短大進学率（％）
1950	42.5	—
1955	51.5	10.1
1960	57.7	10.3
1965	70.7	17.0
1970	82.1	23.6
1975	91.9	37.8
1980	94.2	37.4
1985	93.8	37.6
1990	94.4	36.3
1995	95.8	45.2
2000	95.9	49.1
2005	96.5	51.5

出典：文部科学省生涯学習政策局調査企画課「文部科学統計要覧」より作成

し，子どもの教育に費用をかけることができるようになったことなどが考えられる。一方で，能力主義的な人材選別が徹底され，高校は普通科だけでなく職業科を増やし多様化された。そのことと相まって，より高い学歴を求めるために，普通科を中心に進学競争が激化する結果となった。

1976（昭和51）年から始められた次期学習指導要領の検討においては，経済界の要請に応じた人材の早期選別システムとして機能していた学校教育のあり方を見直す方向性が出された。教育の現代化によって高度になった学習内容についていけない子どもの増加を「落ちこぼれ」問題ととらえ，学力格差の是正をする方向に検討が進められたのである。翌年告示された小・中学校の学習指導要領においては，学校裁量のゆとりの時間が設けられ「ゆとりと充実」が目指されることになった

教科書制度については，1963（昭和38）年から義務教育諸学校の教科書無償制度が実施された。憲法第26条第2項で示される無償教育が前進したといえる。一方，子どもに何を教えるかという教育内容の選択について，教科書の検定制度や採択制度は重要な意味をもつ。1965年，東京教育大学教授であった家永三郎は，自らが執筆した高校日本史の教科書検定について不当性を争う裁判を提起した。家永教科書裁判で最高裁は，検定は一般書としての発行を妨げるものではなく検閲にあたらないとしたが，32年間にわたる訴訟では，さまざまな課題が提起された。他にも1981（昭和56）年度の歴史教科書は，歴史的事実がゆがめられたとして中国，韓国から批判を受けた。これについて，政府は官房長官談話を発表し，近隣アジア諸国との友好・親善に向けて，教科書の記述を検定制度の枠内で政府の責任において是正すると述べた。また以降も，教科書採択にあたり地域住民の意見をどのように反映すべきなのかなど，教科書制度についてはさまざまな問題提起が行われている。

障がい児教育については，盲・聾・養護学校の3種別で教育が行われていたが，1948年から義務化されていた盲・聾学校に比べ，遅れていた養護学校の義務化が1979（昭和54）年に行われた。教育における機会均等をいかに進めるかは大きな課題であり，漸進的に制度が整備されてきた（第9章参照）。

第3節 | 男女平等の教育とは

　日本国憲法第24条に「両性の本質的平等」が明記された背景には，GHQ／SCAPで憲法草案作成に関わったアメリカ人女性ベアテ・シロタ・ゴードン（Beate S. Gordon）の果たした役割が大きかった。彼女は，日本の女性の社会的地位の低さに心を痛め，憲法に男女の平等を盛り込む努力を行った。その結果，憲法第24条には，男女平等と個人の尊厳がうたわれている。こうした日本国憲法の精神にしたがい，戦後教育改革において，男女共学を含む教育の機会均等を重視した教育制度が発足した。

　男女共学の原則とは，男女が同じ教室で，同じ教師から，同じ内容の教育を受けることができることを指す。戦前の高等女学校の教育を受けたある女性は自らが受けた教育を振り返り，「勉強するのが好きだったが，女は女学校に行くことになっていて高校や大学への進学はできなかった。女学校では，家事や裁縫の時間が多く，夏休みに帰省した男の子たちが英語や数学をたくさん勉強している話を聴いてとてもうらやましかった」と述べていた（筆者の聞き取りによる）。戦後の教育制度においてようやく，女子の新制高等学校および大学などへの進学もまた可能になったのである。

　また，家庭科も民主的な家庭の創造を担う新しい科目として設置されたものであった。1946（昭和21）年に新しい教育課程が検討され始め，教科名としては「家政」という名称で検討されていた際，日本側は女子のみの必修科目として考えていた。しかし，女子必修として男女で異なる教育課程をつくることになれば，男女の教育の機会均等が実現しないと考えたCIEの意向で，小学校で男女共修の「家庭科」が誕生した。中学校では職業科の中に「家政」を組み込み，女子のみ必修になることを避けた形となった。

　1947年版学習指導要領（試案）において，家庭科には，戦前の家事・裁縫科と異なる，家族関係の学習を含む「家庭建設」を学ぶ単元が取り入れられた。依然として，家庭内の仕事は主婦が責任をもつという前提が解消されたわけではなかったが，家族が互いを尊重し，家事を分担することなどを教え，戦前の封

建的な家族関係を否定し「民主的」な家庭をつくることの価値を教えようとした。

　ところが1958（昭和33）年版学習指導要領において，中学校の「職業・家庭科」は，「技術・家庭科」と変更され，男子が技術，女子が家庭という性別による2系列となった。また1960年の学習指導要領において，高校で家庭科が女子のみ必修となった。戦後教育改革の中でつくられた男女の教育の平等はここでくずれたのである。高度経済成長の時代を背景に，性別特性論および性別役割分業意識に基づき，女子には調理や被服を中心に生活技術を，男子には産業技術の基礎を学ばせることで，経済の振興に貢献できる人材の育成を目指すことが目的であったといわれる。社会における性別役割分業意識が学校教育に持ち込まれ，女子には，主婦として生活や労働力の再生産を支える役割があるとされたのである。1970年には高校で「家庭一般」が女子必修とされるなど，さらに別課程の学びが強化された。

　その後，1979（昭和54）年に国連・女子差別撤廃条約が採択されてから，同条約の批准と男女平等の実現を要求する動きが高まった。日本は1985（昭和60）年にこの条約を批准し，その条件の一つであった家庭科の男女共修が，ようやく1989（平成元）年の中学校および高等学校の学習指導要領において実現した（中学校では1993年度より，高校では1994年度より実施された）。

　日本の教育の歴史を振り返れば，戦後教育改革において初めて，男女の教育の機会均等が目指された。しかし，家庭科の男女共修までの経過に象徴されるように，制度的な平等が実現するためには，さらに時間がかかったのである。教育における男女平等の保障は，教育権の保障である。また男女平等の教育を受けることが，社会における男女平等の意識を形成する。それは，さまざまな差異を差別の根拠としない意識を育んでいくことにつながるだろう。

第4節 ｜ 臨時教育審議会から教育基本法改正後の教育

　1984（昭和59）年には，中曽根康弘首相の諮問機関として「臨時教育審議会」

（以下，臨教審）が設置された。首相の諮問機関として教育改革を取り上げるのは初めてのことであり，当時としては異例であった。臨教審は，「戦後教育の総決算」というスローガンを掲げ，憲法－教育基本法体制の見直しを視野に入れていた。イギリスの「サッチャリズム」，アメリカの「レーガノミクス」と呼ばれた新自由主義の社会・経済政策と同じように，自由競争を加速させる規制緩和や自由化，それに伴う自己責任の強調などが行われ，教育政策においても例外なく実施されようとしたのである。

　臨教審は，1987（昭和62）年に最終答申を出して解散した。答申の基本的な考え方は，個性重視の原則，生涯学習体系への移行，国際化・情報化などの変化への対応などであり，家庭教育，初等教育から高等教育に至るまで，教育制度全般におよぶ改革事項を示し，ここに示された内容は，その後，次々に実施されていった。たとえば，中等教育における6年制中等学校（中等教育学校）や単位制高等学校の設置などの多様化が進められ，学校では「個に応じた教育」が強調されるようになった。また，初任者研修制度が創設されるなど，教職員の身分に関わる改革も行われることになった。

　臨教審が示した個性重視の原則は，学校制度から学校における教育の方法にいたるまで，さまざまなところに影響を与えた。戦後教育改革において教育制度は，教育の機会均等を実現するために単線型の学校制度が理想とされたのに対し，個性重視の原則のもとに，子どもの個性に対応するためには学校制度の弾力化や多様化が必要であると考えられるようになった。単位制高校の発足，高校における総合学科の導入，中等教育学校の発足などとくに中等教育段階の制度が多様化し，また2016年，小中一貫の義務教育学校が設置され，次第に複線型に移行してきている。

　1989（平成元）年には，幼稚園教育要領，小学校，中学校，高等学校，盲・聾・養護学校の学習指導要領の改訂が告示された。基本方針は，1977年版の「ゆとりと充実」を継承しつつ，「新学力観」として「自ら学ぶ意欲をもち主体的に社会の変化に対応できる」ための「自己教育力」の育成を掲げた。変化の激しい社会において必要なものは，すぐに古くなってしまう学校で得る知識よりも

むしろ，生涯学び続けるための自己教育力であると考えられたのである。そうした趣旨のもとに，自己教育力を支える「関心・意欲・態度」が学習評価の観点として導入された。

　社会における学校の役割が大きくなるにつれて，子どもたちの発達や人格形成の上で学校が果たすべき役割は増大したが，子どもにとって学校がどのような場であるのか，問い直さざるを得ない事態も生じた。1970年代後半以降，学校における生徒指導上の問題として不登校，いじめ，校内暴力など解決すべき課題が数多く指摘されてきた。とくにいじめについては，いじめられた生徒の死が相次ぎ，社会問題として多く取り上げられるようになった。一方で学校においては，70年代半ば頃から問題行動を起こさせないようにきびしく生徒を管理する教育が行われてきた。このような生徒指導上の問題は，子どもの人権の尊重に関わる多くの課題を含んでいる。1994（平成6）年に日本は，ようやく国連・子どもの権利条約を批准した。この条約に示された「子どもの最善の利益」は，発展途上国の課題としてだけではなく，日本の子どもたちの幸福と権利を実現するために重要な考え方であるといえる。国連・子どもの権利委員会が，日本の子どもたちが「過度に競争的な環境」に置かれていることなどへの是正勧告を行っていることを重く受け止めなければならないだろう（第7章参照）。

　1998（平成10）年版の小学校・中学校学習指導要領の改訂では，学校週五日制の完全実施とゆとり教育の推進が示され，学習内容が3割削減された。また「総合的な学習の時間」が創設され，各学校が「創意工夫を生かし特色ある教育」を行うこととされた。1998年版の全面実施は2002（平成14）年から行われたが，その前年にOECD（経済協力開発機構）のPISA（生徒の学習到達度調査）において，日本の生徒の順位が下がったことが明らかとなり，また大学生の学力低下などについての指摘や報道によっていわゆる「学力低下論争」が起こり，新学習指導要領は実施の結果を待たずに批判にさらされることになった。そこから，2002（平成14）年の遠山敦子文部科学大臣による「学びのすすめ」のアピールに始まり，学力向上のための施策が次々と打ち出され今日に至っている。

2004（平成16）年，小泉純一郎首相は，地方分権の推進のために国庫補助負担金改革・税源移譲・地方交付税の見直しの「三位一体改革」を進めた。この中で教育制度については，1953（昭和28）年度から行われてきた市町村立義務教育諸学校の教職員給与の2分の1を国が負担する義務教育費国庫負担制度の見直しが提起された。文部科学省などはこの制度を堅持する立場であり，議論が行われたが，国の負担を2分の1から3分の1に引き下げ，合わせて公立学校等施設整備費補助金が削減されることで決着した。さかのぼること2001（平成13）年には，義務標準法も改正され，都道府県による学級編制と教職員配置の弾力的な運用が認められている。1950年代に，義務教育費国庫負担制度と義務標準法によって定数を定めることにより，地方自治体の財政による教育格差を是正してきた経過をふまえると，このように地方自治体の義務教育費負担が増えることについては，ふたたび財政的な格差による教育の格差を招くおそれのあることが懸念されている。

　2001年に小泉内閣からの諮問を受けた中央教育審議会は，2003（平成15）年，教育基本法改正に向けて「新しい時代にふさわしい教育基本法と教育振興基本計画の在り方について」を答申し，2006年12月，第1次安倍晋三内閣のもとで，戦後教育の根幹であった教育基本法の全面改正案が国会で可決され，公布・施行された。改正によって前文が大幅に書き換えられたほか，第2条には旧法になかった「教育の目標」として，国民として必要とされる「態度」が5項目にわたって記されている。旧法が，日本国憲法の理想の実現を，教育を通して行われる個人の人格の完成に期待していたのに対して，新法では，国家が求める国民としての資質や態度を前面に出していることも特徴であるといえる（第1章参照）。

　教育基本法の改正後，2007年に学校教育法の改正も行われ，教育基本法に追加された「教育の目標」規定が反映された（第21条）。また「学力の三要素」も示された。「学力の三要素」とは，「生涯にわたり学習する基盤が培われるよう，基礎的な知識及び技能を習得させるとともに，これらを活用して課題を解決するために必要な思考力，判断力，表現力その他の能力をはぐくみ，主体的に学習に取り組む態度を養うこと」（第30条第2項）である。法律に明示されたこと

は，教育内容への国家の関与が強められたことを意味している。

　また教育基本法（新法）の第17条によって，それまでにはなかった「教育振興基本計画」の策定が政府に対して義務づけられることになった。この計画は，国と地方自治体の役割分担を具体化し教育課題に対する具体的な政策目標を設定するために作成されるもので，政府の方針を国会で報告するものである。第1期の教育振興基本計画は，2008（平成20）年度から2012年度を対象とし，少子高齢化・高度情報化・国際化・知識基盤社会の進展などの課題に対応する教育計画を示した。そのなかに学習指導要領の改訂が掲げられ，小中学校の学習指導要領が2008（平成20）年，高等学校の学習指導要領が2009（平成21）年に告示された。この学習指導要領では，「生きる力」の育成という目標を継続し「確かな学力」の育成を掲げ，授業時数を約10％増加させた。知識・技能の習得と思考力・判断力・表現力等の育成のバランスを重視し，道徳や体育の充実を通じて豊かな心・健やかな体の育成を行うものとした。

　第2期教育振興基本計画（2013年度〜2017年度）においては，東日本大震災を経て第1期からの社会の危機的状況が顕在化・加速化したとして，たとえば教育格差の再生産・固定化の傾向を指摘し，「社会を生き抜く力の養成」などを目標として掲げた。

　一方，2013（平成25）年の教育再生実行会議の第1次提言において道徳の教科化が示され，中教審答申「道徳に係る教育課程の改善等について」に基づき，2015（平成27）年には，学校教育法施行規則および学習指導要領の一部改正によって道徳を「特別の教科」とした。そこでは，いじめの問題への対応の充実，発達の段階をより一層踏まえた体系的なものとする観点からの内容の改善，問題解決的な学習を取り入れるものとした。教科化は，教科書を用いた指導が行われることを意味する。道徳を教科とせず学習指導要領の一領域とし，かつ特設された「道徳の時間」として扱ってきた戦後教育の経緯からすると大きな転換である。

おわりに

　公教育制度があるからこそ，教育の平等や機会均等の実現に近づくことができる（第9章参照）。しかしその制度の中で，個性や多様性がどのように認められるのかは大きな課題である。日本の戦後教育史においては，個性の重視・多様化というとき，それは能力主義と結びつくものであった。性別・資質・能力による差別をなくし，今日求められる多様性の尊重を教育においても追求することは重要な課題である。

［田渕久美子］

● 発展課題 ●

① 戦後教育改革で描かれた理想の教育とはどのようなものだったのか，第1次アメリカ教育使節団報告書などを調べてまとめてみよう。
② 時代的な背景や教育政策をふまえながら，旧教育基本法と新教育基本法の内容を比較してみよう。

お薦め図書

① 苅谷剛彦（1995）『大衆教育社会のゆくえ—学歴主義と平等神話の戦後史』中公新書

　高度経済成長期を経て進学率が飛躍的に高まった日本社会は，今も依然として，多くの人が高い学歴を望む「大衆教育社会」でもある。1970年代頃までの「平等神話」をイギリスなどとの比較や多くの統計資料から読み解いている。

② 小山静子（2009）『戦後教育のジェンダー秩序』勁草書房

　男女共学の問題を考えてみたい人にすすめたい。戦後教育改革で男女共学が取り入れられた経緯や開始後の様子，なぜ短期大学はほとんど女子のための教育機関になったのか，女子大学はどのように見られてきたのかなどがわかる。

引用・参考文献

苅谷剛彦（2009）『教育と平等—大衆教育社会はいかに生成したか』中公新書.
苅谷剛彦（2019）『追いついた近代　消えた近代—戦後日本の自己像と教育』岩波書店.
日本児童教育振興財団編（2016）『学校教育の戦後70年史』小学館.
橋本紀子・逸見勝亮編（2003）『ジェンダーと教育の歴史』川島書店.
文部省（1992）『学制百二十年史』ぎょうせい.

日本における性教育の歴史

　幕末から明治の初め頃に日本を訪れた欧米の人々は，半裸になり屋外で働く男女や混浴の公衆浴場，隠しもせず往来で赤ん坊に乳房を含ませる母親などを見て驚いた。そしてこのような外国人からの指摘に対して，後進国とみなされるのをおそれた明治政府は繰り返し混浴禁止令を出した。当時の日本人にとって，裸は恥ずかしいことではなく，すぐに性的関心や性欲につながるものでもなかった。そこには裸体に対する当時の日本人と欧米人との「まなざし」の違いが存在しており，性意識は文化や心性によってつくられることがわかる。社会において「性」がどのようにとらえられるかという社会意識が，性教育のあり方にも反映されるといえよう。

　日本人にとって「性」が取り立てて学ぶものとなったのは，欧米の性科学が紹介され始めた明治末期であり，生殖器の機能や性欲についての研究から「性欲教育」として性欲のコントロールが説かれた。大正期には，「性教育」の用語が定着するが，それは性欲教育より広い性道徳を含む内容であった。つまり性が個人的なものであるだけではなく，社会や人間の生き方に関わる問題であると認識されるようになったことが表れている。この頃にはすでに，今日につながる性についての課題がさまざまに論じられた。たとえば，良妻賢母主義に伴う女性の貞操と純潔を強調する見解，それらを女性に一方的に求める性の二重規範への批判，優生学と性教育の結合，公娼制の廃止運動，社会運動に由来する産児調節運動，性感染症や性被害から身を守るための性教育などである。

　戦後の性教育は，売春を防止するための社会教育や運動の影響から「純潔教育」という形をとって始まった。学校においては保健教育の中に性教育が位置づけられ，学習指導要領にも「性教育」と記されたが，学校でよく用いられたのは「純潔教育」の用語であった。内容としては，性の科学的知識を教えることよりも道徳的な教育に重点があった。1970年代頃から，「純潔教育」に代わり「性教育」が用いられるようになった。歴史的に見れば「純潔」という用語は，女性にのみ向けられてきた性道徳である。「純潔」という表現が，このような男女の性の二重規範の問題性を示していることが，ようやく社会的に認められたといえる。

　現在，学校における性教育は抑制されている。東京都立七生養護学校（当時）での性教育（「こころとからだの学習」）が不適切であるとして都教委によって教職員への処分が行われた事件では，校長・教諭らの訴えが認められ，子どもに応じた教育の自由が尊重されるべきことが東京地裁・高裁の判決で示された。しかし，新聞社の社説では東京地裁の判決を支持する・しないが分かれた。こうした

ことから，性教育の問題を教育の問題としてのみ語るのではなく，かくあるべきという性の規範性を政治的・社会的にとらえる文脈が存在することがわかる。性は一人ひとりの生き方に関わる非常に個人的な問題でありながら，一方で政治的・社会的問題として取り扱われる。

　本来，性を語ることは，生を語ることであるだろう。一人ひとりがどのような「生」と「性」を生きるのか，本当の意味での自己決定のためには性を取り巻くさまざまな事柄について知ることが必要である。性の多様性などをめぐるとらえ直しが行われている現在，今を生きる私たちに求められるのは，歴史の中で確かめられてきた人間としての権利を豊かにとらえ，それを「生」と「性」とにつなぐことができるような教育ではないだろうか。

（田渕久美子）

第6章

教育課程と
カリキュラム・マネジメント

┌─ **キーワード** ─────────────────────┐
教育課程, カリキュラム, カリキュラム・マネジメント, 学習指
導要領, 隠れたカリキュラム, カリキュラム・ポリティクス
└──────────────────────────────┘

はじめに

　本章では，教育課程・カリキュラムには，「教育の計画」という意味と「学習
経験の総体」の意味があることを踏まえ，教育課程・カリキュラムの編成に関
わる基礎的事項について概説する。そして，各学校・教師が子どもにとって意
味のある教育課程・カリキュラムを編成するという視点から，カリキュラム・
マネジメントの課題とそのあり方を検討する。

第1節 | 教育課程，カリキュラムとは何か

1. 教育課程・カリキュラムとは何か —教育課程・カリキュラムの二つの意味

　学校で行われる教育活動は，主に，子どもたちをどのような人間に育てるの
か（教育目的・教育目標），教育の目的・目標の実現のためにどのような内容を教
えるのか（教育内容），これらの内容をどのように教えるのか（教育方法），そして
どのような組織（たとえば，年齢別に分ける，能力別に分けるなど）で教えるのか
（教育組織）という四つの要素から成る。

　教育課程あるいはカリキュラムは，上記の教育活動全体に関わるものであ
り，大まかに述べれば，どのような目的で，何を，どのように学ぶ（学んだ）の
かを意味する用語である。教育課程は，英語curriculum（カリキュラム）の訳語
として戦後定着したものである。この教育課程・カリキュラムには，教育（活

動）の計画という狭義の意味と，学習経験の総体という広義の意味がある。

　「教育（活動）の計画」という狭義の教育課程・カリキュラムは，教師が計画的・組織的に課そうとする教育内容を意味するものとして用いられる。たとえば，「教育課程とは，学校教育の目的や目標を達成するために，教育の内容を子供の心身の発達に応じ，授業時数との関連において総合的に組織した学校の教育計画」（中央教育審議会 2016）という規定のように，とくに，各学校において組織的かつ計画的に編成された教育内容を指すものとして用いられている。

　これに対して，「学習経験の総体」という広義の教育課程・カリキュラムは，教育の計画だけでなく，計画の実施過程を通じて子どもが学び取ったものを意味する。たとえば，1951（昭和26）年改訂の『学習指導要領　一般編（試案）』は，「本来，教育課程とは，学校の指導のもとに，実際に児童・生徒がもつところの教育的な諸経験，または，諸活動の全体を意味している」と説明し，学習経験の総体の意味で教育課程を用いている。また，これらの諸経験は，「児童・生徒と教師との間の相互作用，さらに詳しくいえば，教科書とか教具や設備というような物的なものを媒介として，児童・生徒と教師との間における相互作用から生じる」（文部省 1951）と述べ，教育課程は，子ども自身が関係や環境を通して非計画的・非組織的に学び取ったものを含むものととらえている。

　以上のように，教育課程・カリキュラムには狭義および広義の二つの用法があるが，教育課程・カリキュラムのあり方をより批判的に検討する場合には，第4節でも述べるように，広義の意味から問われることが多い。

2.　教育（活動）の計画としての教育課程・カリキュラムの編成主体

　2017（平成29）年告示の『小学校学習指導要領』の総則では，「各学校においては，教育基本法及び学校教育法その他の法令並びにこの章以下に示すところに従い，児童の人間として調和のとれた育成を目指し，児童の心身の発達の段階や特性及び学校や地域の実態を十分考慮して，適切な教育課程を編成するもの」（文部科学省 2017：3）としている。そして，この各学校の教育課程の基準は，文部科学大臣が別に公示する「学習指導要領」（「幼稚園教育要領」）によると学校

教育法施行規則で定められている。他の学校段階（幼稚園，中学校，高等学校，特別支援学校）でも同様に，文部科学大臣が示す教育課程の基準に基づいて各学校が教育課程を編成することになっている。

　このように，教育課程には，国が基準として示す「学習指導要領」，各学校で編成されるものなど，さまざまなレベルで編成されていることがわかる。この「教育（活動）の計画」としての教育課程の編成は，以下のような三つの階層からとらえることができる（柴田他 2007，城丸 1992）。

　第一は，国家的レベルの政治的・経済的・社会的要求によって編成される教育課程（国ないし地域レベル）である。これらは，法令や政府による教育振興基本計画など国家による大綱的な基準の形で示されるものや，地方自治体の教育計画や指導助言などの形で示されるものがあり，政治的な決定に基づいてつくられる性格をもっている。しかし，この国レベルの教育課程は，政治的な決定の過程で，政財界や産業界等からの要請に応える性格が強いため，これらの要請を常に子どもの側から問い直し，「子どもの最善の利益」を追求する教育課程となるような改善の努力が，学校や教師に求められることになる。

　第二は，学校で教職員の合議により編成される教育課程（学校レベル）であり，主として学校の年間計画などの形で具体化される。国が教育課程の基準として編成する学習指導要領は，各教科の目標と各学年で扱う教科内容，指導上の留意点などが記述されているだけなので，これをそのまま各学校の教育課程として実施することはできない。そのため，学習指導要領に基づきながら，各学校の教職員が，各学校や地域の実態，またさまざまな教育研究の成果を参考にして，具体的な計画を作成しなければならない。しかし，実際には，学習指導要領に準拠した教科書と教科書会社が示す指導計画に基づいて編成される傾向がある。

　第三は，個々の教師が計画し，実施する教育課程（教室レベル）である。各教師が日々の授業を行うために作成する具体的な単元計画や指導計画がこれにあたる。国レベルや学校レベルで作成された教育課程を具体的に実行するのは，一人ひとりの教師である。つまり，教室にいる子どもたちに応じながら立てら

れる具体的な教育計画とそれに基づいて行われる教育活動を通して，国や学校
レベルの教育課程は初めて子どもたちに影響を与えることができるのである。

　冒頭で述べた教育活動の四つの要素の観点から見れば，国や地方自治体が編
成する教育課程は，「教育目的・目標」と「教育内容」を中心に編成される。こ
れに対して，各学校や教師が編成する教育課程は，「教育方法」および「教育組
織」までを含めた計画となる傾向がある。

第2節 　教育課程の国家基準としての学習指導要領と教科書

1. 教育課程の大綱的な基準としての学習指導要領

　次に国が教育課程の基準として編成する学習指導要領の特徴を見てみよう。

　第一の特徴は，すべての児童生徒に教えるべき全国共通の必要最小限の内容
を示した大綱的な基準という点である。この点は，「特色ある学校づくり」を打
ち出した1998（平成10）年改訂から強調されている。

　学習指導要領では，「第1章　総則」の「3　教育課程の編成における共通的
事項」の中で，各教科などで示される内容に関する事項はすべての児童生徒に
対して指導する内容の範囲や程度等を示したもので，いずれの学校においても
取り扱わなければならないとしている。だが，学校においてとくに必要がある
場合には，この事項にかかわらず加えて指導するなど学習指導要領に示されて
いない内容を扱うことや，事項の順序もとくに示す場合を除いて，各学校で適
切な工夫をすることを認めている。

　第二の特徴は，法的基準性（法的拘束力）である。1947（昭和22）年および1951
（昭和26）年改訂の学習指導要領は，「試案」として示され，教師が教育課程を編
成していくための「手引き」という性格であった。しかし，1958（昭和33）年改
訂からは「告示」となり，これを文部科学省は法的基準性（法的拘束力）をもつ
ものと説明している。だが，この学習指導要領の法的基準性については限定的
にとらえる学説もあり，①法的拘束力は有しないが，指導助言文書としては適
法であると考える「大綱的基準説」，②教育内容・方法に関する限り，指導・助

言の効力しかもちえないとみなす「外的教育条件説」, ③指導要領は助言指導的基準としてのみ適法であると説く「学校制度基準説」, の大きく三つの学説がある (基本的人権の保障に関する調査小委員会 2003)。

2. 学習指導要領と教科書の違い ―「教育内容」と「教材」という区分

次に, 国が示す教育課程の基準である学習指導要領に基づいて, 各学校が教育課程を具体的に編成する場面を考えてみよう。

学習指導要領で示された各教科や活動の教育内容を学ぶために, 学習の対象となるものが教材である。教育内容が, 子どもに獲得させたい科学・技術・芸術などから選び取られた概念や法則, 主題など抽象的なものであるのに対して, 教材は, これらを獲得するために子どもが働きかける具体的な対象であるという違いがある。教科書は, 教材の一種である。「教科書の発行に関する臨時措置法」第2条で教科書は, 「教育課程の構成に応じて組織排列された教科の主たる教材として, 教授の用に供せられる児童又は生徒用図書」と規定されている。

たとえば, 2017 (平成29) 年告示の「小学校学習指導要領」の理科 (小学校3年生) にある, 身に付けるべき事項の一つ「植物の育ち方には一定の順序があること。また, その体は根, 茎及び葉からできていること」について考えてみよう。この文章が, 教育内容にあたる。教科書は, 植物の育ちを考えるために, ホウセンカ, ヒマワリ, ピーマンなどさまざまな種子とそれらの発芽の様子などが掲載されている教材である。教材である教科書は「主たる教材」であるので, 教科書に登場する植物以外の植物の種子を教材として授業で用いることも可能である。

このように, ある教育内容に対して, 子どもが働きかける具体的な対象は1対1の関係ではない。ある教育内容を獲得するための教材は無数にあるし, ある具体的な対象を通して教えられる教育内容も一つとは限らない。

上記のことが具体的に問題になった例として, 教育勅語の使用の是非をめぐる2017年の国会の議論がある。この議論の争点は, 道徳的な価値を学ぶ教材と

して学校での使用は可能なのか，という点であった。これについては，教育勅語は，明治以降から敗戦までの社会や学校教育の特徴について学ぶための教材としての使用は可能であるが，1948（昭和23）年の衆議院本会議および参議院本会議での教育勅語の排除・失効確認に関する決議を踏まえ，道徳的な価値を学ぶための教材としては用いるべきではないとの見解がある（日本教育学会教育勅語問題ワーキンググループ 2018）。

　各学校と教師は，教育課程を編成していく際に，教育内容を適切に教えるための教材について検討するだけでなく，教材を通して教えられる教育内容についても検討していくことが求められる。これは，以下で述べるカリキュラム・マネジメントを進めていくうえでも重要となる。

第3節　学校におけるカリキュラム・マネジメントとその課題

1.　カリキュラム開発・編成の主体としての学校・教師

　そもそも，学校と教師は教育課程編成の主体であるという考え方は，戦後教育の出発点から示されてきた。1947（昭和22）年に刊行された『学習指導要領一般編（試案）』の序論「一　なぜこの書はつくられたのか」では，「新しく児童の要求と社会の要求とに応じて生まれた教科課程をどんなふうにして生かして行くかを教師自身が自分で研究して行く手びき」として，学校が各教科のカリキュラム（教科課程）を編成・開発していく際に必要な視点や編成の方法などを中心に示していた（文部省 1947）。

　学校・教師が教育課程編成の主体として積極的に位置づけられたのは，戦前の各学校の教育課程編成と教育実践が国家的な統制の下で展開されたことへの反省があったからである。その意図は「試案」という表記にも示されていた。

　教育課程の編成の主体が学校や教師であるという考え方は，1958（昭和33）年の改訂で学習指導要領が「告示」となり，国家的な基準性・法的拘束力をもつものとされた後も，学習指導要領の総則内で示されてきている。だが一方で，「告示」以降，教育課程の編成への行政的介入によって学校や教師の役割が形骸

化されてきたことに対して，1950年代後半から「教育課程の自主編成」運動が日本教職員組合を中心に展開された。

　なぜ，教育課程の自主編成が争点になるかといえば，教育課程の編成主体である学校・教師には，社会の要求と子どもの生活とをつないでいく役割が求められてきたからである。1947（昭和22）年の『学習指導要領　一般編（試案）』では，教育課程を「社会の要求によって考えられるべきものであり，また児童青年の生活から考えられるべきものであるから，社会の変化につれて，また文化の発展につれて変わるべきものであるし，厳密にいえば，その地域の社会生活の特性により，児童青年の地域における生活の特性によって，地域的に異なるべきもの」だととらえていた。そして，「教育が地域の社会に適切なもの」となるために，学校や教師が，地域の社会生活から教育の目標を絶えず見直し，地域の子どもの生活を考えながら，教育課程を編成していくことを求めていた（文部省1947）。この時期には，生活綴方教育や地域教育計画の取り組みなど，子どもの生活現実から教育を考え，子どもとともに地域社会のあり方を考えていくという，教育から社会を問う試みが生まれ，その後の教育実践に引き継がれていった。

2.　カリキュラム・マネジメントとは ―答申等による規定

　中央教育審議会答申「幼稚園，小学校，中学校，高等学校及び特別支援学校の学習指導要領等の改善及び必要な方策等について」（2016年12月）では，新しい学習指導要領の理念として，「『社会に開かれた教育課程』の実現を通じて子供たちに必要な資質・能力を育成する」ことを掲げ，学習指導要領の枠組みの見直し，教育課程を軸に学校教育の改善・充実の好循環を生み出す「カリキュラム・マネジメント」の実現，「主体的・対話的で深い学び」の実現（「アクティブ・ラーニング」の視点）の三つを重要な課題として挙げた。

　答申では，カリキュラム・マネジメントとは，各学校が，「学習指導要領等を受け止めつつ，子供たちの姿や地域の実情等を踏まえて，各学校が設定する学校教育目標を実現するために，学習指導要領等に基づき教育課程を編成し，そ

れを実施・評価し改善していくこと」であると説明している。そして，カリキュラム・マネジメントを，①教科横断的な視点からの教育課程の編成，②エビデンスに基づいた教育課程のPDCAサイクルの確立，③教育課程の効果的な実現のための諸資源の活用，という三つの側面に分けている（中央教育審議会 2016）。そしてこの答申を踏まえ，2017（平成29）年改訂の学習指導要領では，総則において，「教育課程に基づき，組織的かつ各学校の教育活動の質の向上を図っていくこと（「カリキュラム・マネジメント」）に努めることが示された。

3.　カリキュラム・マネジメントの課題

　次に，このような「カリキュラム・マネジメント」の三つの側面のそれぞれの課題を，各学校および教師が社会の要求と児童生徒の要求に応じてカリキュラムを編成するという戦後以来重視されてきた理念から考えてみよう。

(1) 教科横断的な視点からの教育課程の編成の課題

　カリキュラム・マネジメントの第一の側面については，「各教科等の教育内容を相互の関係でとらえ，学校教育の目標を踏まえた教科横断的な視点で，その目標達成に必要な教育内容を組織的に配列していくこと」が指摘されている（中央教育審議会 2016）。しかし，この第一の側面には，教科横断的な視点からの教育内容の組織的配列だけでなく，適切な教材の選択という二つの課題がある。

　第一の課題である教科横断的な視点からの教育内容の編成については，教科間などの相互の連携が可能となるように内容を関連づけて配列していくだけにとどまらず，子どもの現在と未来の生活・生き方を視野に入れて，必要に応じて新たな教育内容を位置づけていくことが必要となる。

　たとえば，現在扱われている公害問題や環境問題が教育課程に位置づけられたのは，1960年代前半の高度経済成長期に顕在化した公害問題への住民運動や高校などの取り組みを背景にしている。これは，国民として，そして市民・地域住民として子どもたちが自分たちの社会にどのように関わり，どのように社

会を形成していくかを，教師たちが地域の人たちとともに追求してきたからである。

　このように社会と学校とが連携し，大人と子どもがともに地域・社会の現在と未来の可能性をひらいていくような「社会にひらかれた教育課程」を追究していくことが各学校および教師には求められる。

　第二の課題である教材の選択については，「教科書の内容をどう教えるか」といった指導方法を中心とした教材解釈だけでなく，教科書で扱われている教材が適切なものであるかを吟味するような教材研究を行うことが求められる。

　たとえば，2014（平成26）年に文部科学省が公表した副読本『私たちの道徳小学校5・6年生』では，「礼儀正しく，真心をもって」という項目の中で，「江戸しぐさに学ぼう」というページがある（文部科学省 2014：58-59）。ここでは，江戸しぐさが江戸時代に生まれたと説明されているが，この江戸しぐさは昭和になって創作されたものであるとの研究がある（原田 2014）。礼儀正しく，真心をもって生きることの大切さを教えるために，創作の話をあたかも歴史的な事実であるかのように子どもに教えることは適切ではないことは言うまでもないだろう。また，そのような形で教えられようとしている価値（教育内容）についても批判的に問わなければならないだろう。教師は，この教材を授業でどのように教えるのかという指導方法を考える前提として，自分が扱う教材そのものが適切なものかどうかを判断しなければならないのである。

　したがって，教育目標の達成にふさわしい「教材」を発見したり，子どもが興味をもったり関心をもっている事柄から教育的な価値を見いだし教材化していくなどの教材開発，さらにこうした教材を通して教えられようとしている教育内容，またその教育内容を通して身につけられようとしている資質・能力（教育目標）そのものを問い，必要に応じて改善していくことがさらに必要となる。

　以上の課題への取り組みを通して，各学校と教師が，目の前にいる子どもとの関係の中で，国や学校レベルの教育課程を彼らにふさわしいものへと編成し続け，子どもとともにカリキュラムをつくっていくことが求められる。

(2) エビデンスに基づいた教育課程のPDCAサイクルの確立の課題

　カリキュラム・マネジメントの第二の側面については、「教育内容の質の向上に向けて、子供たちの姿や地域の現状等に関する調査や各種データ等に基づき、教育課程を編成し、実施し、評価して改善を図る一連のPDCAサイクルを確立すること」が指摘されている（中央教育審議会 2016）。

　しかし、ここで示されているPDCA（Plan-Do-Check-Action）サイクルについては見直しが必要である。なぜなら、PDCAサイクルの起源となるマネジメントモデルの提唱者であるW.エドワード・デミング（W. Edwards Deming）自身が、後年、PDSA（Plan-Do-Study-Action）サイクルを提起しているからである。このPDSAサイクルは、CheckではなくStudyにすることで、設定した目標（Plan）の達成に向けて点検（check）を繰り返す「課題解決」ではなく、実践結果のデータから設定した目標そのものを吟味し、必要に応じて目標自体を修正していく「課題研究」に主眼が置かれている点に大きな特徴がある。また、数値目標によるマネジメントを否定し、目標を質的に分析することを重視している（藤井 2017、北川他 2018）。

　したがって、カリキュラム・マネジメントをPDCA サイクルではなく、PDSAサイクルの視点から行い、各種データだけでなく、日常的に教師が子どもと関わりながらその実態をつかみ、子どもにとって適切な教育課程となっているかを研究し続けていくことが求められる。

(3) 教育課程の効果的な実現のための諸資源の活用

　カリキュラム・マネジメントの第三の側面については、「教育内容と、教育活動に必要な人的・物的資源等を、地域等の外部の資源も含めて活用しながら効果的に組み合わせること」が指摘されている（中央教育審議会 2016）。

　しかし、「人的資源」として「活用」するという見方には、注意が必要である。なぜなら、そうした見方は、ともすれば地域の人々を教育目的達成のための「手段」としてとらえがちになるからである。だが、ゲストティーチャーとして学校が招く地域の人々との出会いは、学校・教師にとっては、一回きりの授業

で終わらず，それをきっかけにして，子どもの現在と未来をともに考える「仲間」としての関係を新たに築いていく可能性を含んでいる。また，子どもだけでなく地域の人々にとっても，授業での出会いが，その後の自分たちの生活に関わる重要な「他者」との出会いとなり，新しい関係を築く可能性がある。

　したがって，地域の人あるいは地域と出会い，子どもたちだけでなく教師，さらにはその地域の人それぞれの生活の中に新しい関係を築く契機があるという視点から，人的・物的な諸資源の活用のあり方を考える必要がある。

　以上，カリキュラム・マネジメントの三つの側面に関わって，今後の検討すべき課題を述べてきた。次節では，これらを踏まえ，これからの教育課程の編成の課題を，計画としてのカリキュラムの面と，学習経験の総体としてのカリキュラムの面から考える。

第4節 ｜ これからの教育課程・カリキュラムづくりのために

1. カリキュラム・ポリティクスの視点から教育内容・教材を問う

　社会の要求と子どもの生活とをつないで教育課程を考えようとする時，その両者にある矛盾や対立・葛藤等が教育内容や教材を介して顕在化することがある。たとえば，ある人にとっては「当たり前」「普通」のことであるが，別の人にとっては全くそうではない，という内容がある。このような教育内容や教材の問題を問うのが，カリキュラム・ポリティクス研究である。

　カリキュラム・ポリティクスとは，「ある人たちが世の中のできごとの単なる価値中立的な記述とみなすものが，他の人たちにとっては，ある特定の集団に力を賦与し，それ以外の者からは力を奪う（disempower）エリート的な考えとみなされるものであり，[正当な知識をめぐる両者の]闘争という形で具体的には現れてくる政治的過程または政治的関係」（アップル他 1994 : 7）である。カリキュラム・ポリティクス研究では，「知っておくべき重要なこととは何であり，それをいかに活用すべきなのかということに関する何者かの伝統的慣習や解釈が，常に計画された[顕在的な]カリキュラムのなかにしばしば隠れた形で持

ち込まれている」(アップル&ビーン 1996：72) ことを問題にし，カリキュラムとして編成される教育内容 (公的な知識) にある隠された政治的・経済的・文化的な立場性を顕在化させ，批判的に吟味し，より多くの人にひらかれた民主主義的な教育の実現を追求することに重点がある。

　このカリキュラム・ポリティクスの視点は，教育から社会のあり方を考えることに通じる。たとえば，第5章で述べられた，1989 (平成元) 年の学習指導要領改訂まで維持されていた中学校・高校の技術科・家庭科および高校の家庭科，中学校・高校の保健体育科での男女で異なる履修規定および履修内容は，男性＝労働力，女性＝労働力の再生産とするような固定化した性別役割分業を肯定する立場にとって「正当」とされていたが，ジェンダー平等の視点から教育と社会のあり方の両方を問い直す動きの中で批判されることになった。

　現在は，ジェンダー平等の視点から一定の改善が見られるが，問題はこれで解消したわけではない。たとえば，生命の教育や家族についての教育を通して，児童生徒一人ひとりは，両親が愛し合って生まれてきており，両親から愛されているからこそ，価値があるというメッセージを伝える教育が道徳教育や性教育でなされる傾向が指摘されている。ここには，性行為を愛情に基づいた生殖のための行為であることを強調し，暗黙のうちに同性愛を排除しているだけでなく，異性の両親がそろった家庭が基本であり，家族は強い愛情で結ばれている，ということが強調されているとの批判がある (小玉 2016)。

　今日の家族の多様性，あるいは性・セクシュアリティの多様性から考えれば，このような生命の教育や家族の教育で暗黙の前提とされている家族観，性・セクシュアリティのとらえ方は問い直される必要があるだろう。

　このように，ある事柄は「学ぶべきもの」として扱われ，ある事柄は「ないもの」として扱われていることに潜む問題を批判的に問うのがカリキュラム・ポリティクス研究である。この研究によって，上述のジェンダーの問題だけでなく，原子力政策や近現代史の教育内容などさまざまな問題が顕在化している。学校，教師は，教育内容 (とくに知識など) について，誰の視点や立場から見て「普通」「当たり前」の内容なのか，その内容には誰の視点や立場が欠けている

のか，また，別の視点や立場 (マイノリティや「弱者」など) から見ればその内容はどのような問題があるか，などを検討していくことが求められる。

2.　隠れたカリキュラムの視点から学びを問う

　第1節1.で，カリキュラムには，教育 (活動) の計画の意味と学習経験の総体という意味の二つの用法があることを述べた。前者のように計画的・組織的に学校等が具体的な形で示されるものは，「顕在的カリキュラム」(manifest or official curriculum) と呼ばれる。

　これに対し，後者のように，結果的に子どもが学習の過程で非計画的・非組織的に学び取った内容 (知識や技能だけでなく，価値，態度，および社会規範の内容など) を「隠れたカリキュラム」あるいは「潜在的カリキュラム」(hidden or latent curriculum) と呼ぶ。たとえば，教師の指示に従わなければいけないとか，自分の考えより教師の考えが正しいと考えることなども，教室環境 (教室の前方に立った教師が子どもたちを監視する机の配置など)，授業の方法 (教師が問い，子どもがそれに答え，その答えを教師が評価するなど) を通して子どもたちに学び取られた隠れたカリキュラムである (安彦 1999)。

　このように学校内部の仕組みや慣習，その学校の文化，教師と児童生徒との相互作用などにはさまざまな隠れたカリキュラムが内包されている。たとえば，ジェンダーの問題に関わっては，男女を区別して男子を優先する学校文化 (名簿や行事の整列の仕方など)，生徒集団をコントロールするために多用される性別カテゴリーと男女の対比 (「女の子」「男の子」が必然的な理由なくグループ分けの基準となったり，両集団を競争的な文脈で比較したりするなど)，ステレオタイプ的な女性観・男性観に基づいた学校内での役割分担や教師の言動 (リーダー的役割は男子・支える役割は女子という暗黙のうちの分担，「男のくせに」「女のくせに」といった教師あるいは生徒の言動など)，授業において男子が教授の対象／学習主体として優先的に位置づけられていることなどがこれまで指摘されている (苅谷他 2010)。

　このように隠れたカリキュラムの視点から，子どもが何を学び取っているか

という学習の経験の総体を問うことで，教えようとする内容だけでなく，その
ための教育方法，さらに教室空間のあり方やそこでの教師と子ども，子ども同
士の関係のあり方にある問題を発見し，それらを改善することができる。

3. 子どもの声から教育課程を問い，学びを問う

　上記のようなカリキュラム・ポリティクスおよび隠れたカリキュラムを問う
ことは，教師ひとりだけで行うことは難しい。むしろ，多様な生活現実を生き
ている子どもたちの見方から，大人たちが当たり前だと感じている教材，教育
内容が問い直され，新たな発見がもたらされることがある。

　たとえば，小学校5年生の国語の教材「わらぐつの中の神様」での主人公（お
みつ）が大工の求婚を受け入れた場面に対する子どもの疑問「おみつさんは，つ
きあってもいないのになぜ大工さんの求婚を受け入れたのか」から改めて文章
を読み直し，教材にある隠れた問題を発見した取り組みがある。子どもたちと
教師は，おみつさんがかつての家族像における理想の「お嫁さん像」として，自
らの意志を表に出すことのない「受け身」の女性として描かれていることを発
見し，自分たちならばどのように生きるかを考え合っていった。またこの教師
は，父子家庭，母子家庭，祖母孫家庭などさまざまな家庭の子どもたちがいる
クラスで，小学校6年生の国語の教材「カレーライス」に描かれた「お父さん
ウイーク」についての子どもの疑問から，「夕飯を作るのは基本的に母親の仕
事」という前提で書かれていることを押さえ，今を生きる子どもたちの間で了
承された暗黙の前提ではない，ということを確認している（坂田 2013）。

　このように多様な生活現実を生きている子どもたちの実感，素朴な疑問，思
いや願いなどから，教育課程を通して学ばせようとする教育内容やその内容に
基づいて展開されている学びを問うことが重要である。なぜなら，このことこ
そが，子どもを教師とともに教育課程・学びをつくる主体として，さらに，子
どもを生活と学びの主体として育てていくことになるからである。

おわりに

　子どもたちが生活現実の中で直面している諸問題や課題，そしてこれから生きていくために考えるべき問題や課題などといった子どもたちの成長・発達の課題の側から教育課程や学びを問い直し，生きる希望と展望を子どもたちがつかめる場所となるような学校づくりがこれからの私たちの課題である。地域の人々の共生の世界に根ざし，大人と子どもが地域・社会の未来をひらくための「社会に開かれた教育課程」「カリキュラム・マネジメント」のあり方が一層探究される必要があるだろう。

［高橋英児］

● 発展課題 ●
① 学習指導要領の内容の変遷を調べて，その特徴をまとめてみよう。
② 子どもたちの現実，成長・発達の現状と課題から見たとき，学習指導要領や各学校の教育課程のどのような課題があるかを考えてみよう。
③ カリキュラム・ポリティクスや隠れたカリキュラムの具体的な問題としてどのようなものがあるかを調べてみよう。

お薦め図書

中野譲（2017）『地域を生きる子どもと教師』高文研
　子どもたちと教師が地域の川の学びを入り口にして，地域で生きる自分たちについてともに考えていった小学校の取り組みの記録であり，子どもが生きている地域とそこでの生活現実から学びをつくるとはどういうことかが良くわかる。

引用・参考文献
アップル，W. M.・ウィッティ，J.・長尾彰夫（1994）『カリキュラム・ポリティックス』東信堂．
アップル，M.・ビーン，J. 著，澤田稔訳（1996）『デモクラティックスクール』アドバンテージサーバー．
苅谷剛彦他（2010）『教育の社会学（新版）』有斐閣．
北川剛史・樋口裕介（2018）「学習集団研究からみた「カリキュラム・マネジメント」の課題」

深澤広明・吉田成章編『学習集団づくりが描く「学びの地図」』溪水社.

木村亮子（2016）「ジェンダー秩序をめぐる教育のポリティクス」小玉重夫編『学校のポリティクス』岩波書店.

基本的人権の保障に関する調査小委員会（2003）「教育を受ける権利に関する基礎的資料」http://www.shugiin.go.jp/internet/itdb_kenpou.nsf/html/kenpou/chosa/shukenshi015.pdf/$File/shukenshi015.pdf（2018.6.10閲覧）

坂田和子（2013）「エッセー　国語の教科書を読む」塩崎義明編『スマホ時代の授業あそび』学事出版.

柴田義松他編（2007）『教師と子どもでつくる教育課程改革試案』日本標準.

城丸章夫（1992）『城丸章夫著作集第8巻　教育課程論』青木書店.

田中統治（1999）「カリキュラムの社会学的研究」安彦忠彦編『新版　カリキュラム研究入門』勁草書房.

中央教育審議会（2016）「幼稚園，小学校，中学校，高等学校及び特別支援学校の学習指導要領等の改善及び必要な方策等について（答申）」

日本教育学会教育勅語問題ワーキンググループ（2018）『教育勅語と学校教育』世織書房

原田実（2014）『江戸しぐさの正体　教育をむしばむ偽りの伝統』星海社新書.

藤井啓之（2017）「PDCAサイクルからPDSAサイクルへ」『教育』No.853（2017年2月号）かもがわ出版，pp.59-64.

文部科学省（2014）『私たちの道徳　小学校5・6年生』廣済堂あかつき.

文部科学省（2017）『小学校学習指導要領　平成29年告示』東洋館出版社.

文部省（1947）『学習指導要領（試案）一般編』国立教育政策研究所HP内「学習指導要領データベース」https://www.nier.go.jp/guideline/（2018.6.10閲覧）

Column　フリースクールという存在が問いかけていること

　2018年に「義務教育の段階における普通教育に相当する教育の機会均等に関する法律」(以下,「教育機会均等法」) が公布された。この法律は,不登校児童生徒などに対して教育の機会を確保することを目的としており,国および地方公共団体が,不登校の児童生徒に対して学校以外の場で行う多様で適切な学習活動を支援する施策を策定し,実施することを義務づけ,フリースクールなどを不登校児童生徒の教育の場として認め,支援していくことを定めている。

　フリースクールは,不登校となった子どもたちを受け止め,彼らが安心して過ごせる居場所づくりと一人ひとりにあった学びを保障する学びの場づくりとして,不登校問題の当事者や関係者たちによって取り組まれてきた。フリースクールは,不登校となった子どもたちの避難場所 (安全基地) であり,子どもの学習権保障のためのセーフティネットであるだけでなく,その存在を通して,学校という場の問題とあるべき学校の姿を私たちに厳しく問いかけてきた。不登校の問題は,不登校の子どものための施設が「適応指導教室」と呼ばれることに象徴されるように,学校に「適応」できない子どもの側の個人的な問題だとする見方が一般的には根強くある。しかし,不登校問題の当事者や関係者たちは,不登校にさせるような学校,特に,学校の競争的な環境や管理的な体制 (今日の「ブラック校則」や「学校スタンダード」など) に適応させようとすることこそが問題であることを指摘し,学校教育のあり方に鋭い問題提起をしてきたのである。

　「教育機会均等法」は,こうした問題提起を受け止め,フリースクールを公教育の受け皿と位置づけて,不登校の子どもたちに教育を受ける機会を提供し,一人ひとりの子どもの学ぶ権利を実質的に保障する仕組みを整備しようとする点で評価できる。しかしそのことが,現状の学校という場に合わない子どもを学校の外へと実質的に「排除」することにもつながり,その結果,不登校を生み出す学校の問題を等閑視し,根本的な問題解決にはならないとの批判や懸念も根強くある。

　不登校問題は,不登校の子どもだけでなくすべての子どものための教育のあり方に関わる問題である。学校を,多様な子どもの存在が尊重され共生できる場,一人ひとりの子どもの多様性に応じ,その可能性をのばす教育ができる場であるようにしていく努力を放棄してはならない。また,そのために必要な環境や資源 (たとえば,教員数,学級規模など) も十分に保障される必要がある。そのうえで,フリースクールのように学校外で多様な教育機会を保障することの意義を改めて考え,これからの公教育全体のあり方を見直していくことが課題となるだろう。

(高橋英児)

第**7**章

子どもの権利条約を読む
──日本の学校教育の課題

> **キーワード**
>
> 子どもの権利条約，コルチャック，子どもの最善の利益，
> 女の子の教育

はじめに

　本章では，子どもの権利条約を手がかりに，子どもの権利をめぐる日本の学校教育の課題について考える。ここでは，身近な教育問題における子どもの権利侵害への気づきから出発し，条約の成立史や条約の基本的理念について理解を深めたうえで，女の子の教育をめぐる問題を具体例に，日本の学校教育の課題について考えよう。

第**1**節 ｜ 学校教育の中の子どもの権利

1. 学校での頭髪指導をめぐる問題

　「あなたの頭髪は誰のものですか？」このように尋ねられたら，あなたは「自分の頭髪は自分のものに決まっている」と答えるだろう。

　それでは，次の二つの問いについてはどうだろうか。

　「あなたの頭髪の長さや色を決めるのは誰ですか？」

　「もしあなたの頭髪が『ふさわしくない』場合，誰があなたの頭髪に手を加えるべきですか？」

　上記の問いについて，次頁の事例を読んだうえで考えよう。

【事例1】

　2017年10月，大阪府に住む生まれつき頭髪が茶色である生徒が，高校で黒染めを強要されたために不登校になったと，設置者を提訴した。その生徒は，茶髪を家庭の事情と結びつけられて中傷され，茶髪のために文化祭や修学旅行にも参加させてもらえなかったという（『毎日新聞』2017年10月27日付）。

【事例2】

　2018年2月，富山県立高校で，2017年度に教員6名が，校則違反を理由に，本人の同意を得て44名の髪を切ったことが発覚し，その翌月までに，髪を切られた生徒は4校で140人にのぼった。発覚後，行き過ぎた指導としていずれの学校も生徒と保護者に謝罪することとなった（チューリップテレビ，2018年3月22日付）。

2. 「頭髪指導」と「子どもの権利」

　上記の事例は，学校においては生徒の頭髪の色を「黒く」染めさせたり教員が生徒の頭髪を切ったりすることが「生徒指導」として正当化されうることを示唆する。しかし，学校以外で他人の髪の毛を勝手に切ったならば，その行為はその人を傷つける行為，「暴行」あるいは「傷害」とみなされるであろう。

　髪型や色をどうするかについては，社会通念に反しない限り，基本的には自由である。これは，日本国憲法第13条「すべて国民は，個人として尊重される。生命，自由及び幸福追求に対する国民の権利については，公共の福祉に反しない限り，立法その他の国政の上で，最大の尊重を必要とする。」を根拠として，すべての国民に保障されている権利である。

　一方，頭髪の色や長さをどうするべきかについては，その社会での共通理解がある。これから社会に出ようとするあなたは，社会に出るためには「節度ある」服装や頭髪を心がける必要があることに気づくだろう。たとえば，就職活動に赴く先輩や仲間たちは，茶色や金色に染めた髪を「元の（？）」色に染め直しているのではないだろうか。また，あなたが教育実習などさまざまな実習に臨む前には，大学や実習先で「茶髪禁止」と指導を受けるだろう。

　子どもの頭髪に対する指導も同様に，子どもの発達を促すための適切な働き

かけである範囲で，ある程度教育上の指導が許容されていると考えられる。一方，学校で子どもの頭髪の色や髪型に「強制的な」力を加えることは，子ども自身の身体に対する権利を不当に侵害する可能性がある。

　かつて男の子には丸刈りが義務づけられていたが現在ではそれほど強要されてはいないように，頭髪指導のあり方は，時代とともに変化してきている。それでも，ごく最近でも，学校での頭髪指導をめぐる問題が生じることがある。ここから，日本の学校では，今なお「指導」という名の下に，子どもの権利が侵害されている可能性があることがうかがえる。

第2節 ｜ 子どもの権利条約ができるまで

1. ジュネーブ宣言と児童権利宣言

　1924年9月，国際連盟総会で採択された「児童の権利に関するジュネーブ宣言」（以下「ジュネーブ宣言」）は，前文および5項目からなる。この宣言は，あらゆる国の国民が「児童に対して最善のものを与えるべき義務を負う」（前文より）ことを認め，人種・国籍・信条にかかわらずすべての子どもに，①心身の正常な発達を保障すること，②飢餓・疾病・知的／発達障がい・非行・保護者のない子どもに適切な支援が与えられること，③危難から保護されること，④あらゆる搾取から保護されること，⑤その才能を人類同胞への奉仕のために捧げられるべきであるという自覚のもとに子どもを育成すること，を宣言した。

　1959年11月，国際連合（国連）総会で採択された「児童の権利に関する宣言」（以下「児童権利宣言」）は，前文および10箇条から構成されている。それには，先の「ジュネーブ宣言」の理念を踏まえつつ，すべての子どもが差別されることなく権利を保障される（第1条）ために，「児童の最善の利益」が考慮されたうえで法などの手段が講じられる（第2条）とした。また，「ジュネーブ宣言」よりも具体的に，姓名と国籍をもつ権利（第3条），社会保障を受ける権利（第4条），障がい児への配慮（第5条），家庭的環境の保障（第6条），教育を受ける権利および遊戯・レクリエーションを享受する権利（第7条），子どもの優先的保護（第8

条），搾取からの保護および児童労働の制限（第9条），差別的な慣行からの保護（第10条），といった権利が明記された。

　両宣言は，すべての子どもが，生存権，暴力・戦争や差別的慣行や搾取から保護される権利，発達する権利を有することを規定したものである。「児童権利宣言」においては，さらに，姓名と国籍をもつ権利，教育を受ける権利だけではなく遊ぶ権利についても明記している。

　しかし，「児童権利宣言」以後も，子どもの権利はしばしば脅かされてきた。冷戦を背景とする第三次中東戦争やベトナム戦争など，子どもの生存権を脅かす戦争は止むことはなかった。また，飢餓によって多くの子どもが命を落とした（1984年，飢餓に苦しむアフリカの子どもたちの状況がマスメディアに報じられると，音楽家が慈善事業のために楽曲を発表した）。そして，戦争のない地域においても，いじめ，競争的な教育，虐待，性的搾取，意見表明権の制限等，さまざまな問題が表出していた。

　新しい時代に対応し，かつ各国の施策に効力をもつ，子どもの権利に関する条約が求められたのである。

2. 子どもの権利条約とは何か ―コルチャックの思想の継承

(1) 子どもの権利条約の成立

　「子どもの権利条約（日本政府訳 児童の権利に関する条約）」は，1989年11月，国連総会において採択された。2018年5月現在，締約国・地域は196か国（未締約国はアメリカ合衆国のみ（署名済））である。日本は，1990年9月に署名（109番目），1994年4月に批准（158番目）した（翌5月に発効）。

　子どもの権利条約は，ポーランドが提案したものである。ポーランドが提案国となったのは，この国が第二次世界大戦でナチス・ドイツの支配下に置かれ，多くの子どもたちが戦争とホロコーストの犠牲になった歴史に由来する。それはまた，この条約の基本的理念が，ポーランドの小児科医・児童文学作家・教育者・孤児院院長であったヤヌシュ・コルチャック（Janusz Korczak, 本名ヘンリク・ゴルトシュミット Henryk Goldszmit, 1878-1942）の思想にもとづいていることも関係する。

したがって，子どもの権利条約を
理解するためには，コルチャックの
子ども観を理解する必要がある。こ
こで，コルチャックの生涯を概観
し，彼が示した子ども観について理
解を深めよう。

(2) コルチャックの生涯

コルチャックは，裕福なユダヤ人

図7.1 「ドム・シェロト」の外観（1935年頃）
出典：United States Holocaust Memorial Museum（PD）

の家庭に生まれ，ギムナジウムで教
育を受け，ワルシャワ大学で医学教育を受けた。彼は，小児科医（そして第一次
世界大戦時には従軍医）を務めるかたわら，執筆活動を行い，その収入の多くを親
のない子どものために用いたといわれる。

1911年，コルチャックは，前年1910年にワルシャワに設立されたユダヤ人
孤児のための孤児院「ドム・シェロト」（「孤児たちの家」の意）の院長となった。
彼は，そこで子どもたちの養育に従事するかたわら，子どものための文学や教
育学に関する著作を数多く発表した。「ドム・シェロト」では，壁新聞，子ども
集会，仲間裁判などの教育実践が行われた。

1939年にポーランドに侵攻したナチス・ドイツによって，ユダヤ人は厳しい
迫害を受けた。1940年，コルチャックは子どもたちとともに「ドム・シェロト」
を追われ，ユダヤ人ゲットーに移住させられた。そして1942年8月，彼は度重
なる救命の申し出を断り，トレブリンカ強制収容所に送られる孤児たちと運命
をともにした。

(3) コルチャックの子ども観

子どもの権利条約の下敷きとなったコルチャックの子ども観はいかなるもの
であったか。以下，塚本智宏の論考（2002，2007）に基づき紹介する。

コルチャックは，子どもを，たんなる未熟な存在ではなく，その年齢なりの知

性や感性をもっていると考えた。彼は,「子どもはだんだんと人間になるのではなく,すでに人間である」(塚本 2002:12) と定義した。彼は,子どもの三つの基本的な権利として,子どもの死に対する権利 (死から遠ざけるための「配慮」として子どもが活動を禁止・命令されない権利),今日という日に対する子どもの権利 (明日のために今日を生きている子どもの喜怒哀楽や考えなどが軽視されない権利),子どものあるがままでいる権利 (大人の過剰な期待によって子どもを仕込んだり圧力をかけたりされない権利),を挙げた。

コルチャックは,子どもには社会的権利があると論じた。彼によれば,子どもには,「望み,願い,要求する権利」「成長する権利とそして成熟する権利,また,その達成によって果実をもたらす権利」があるという。そして,「ドム・シェロト」での子どもたち自身による仲間裁判の実践から,子どもには「自分たちの問題に真摯な態度をとる権利があり,自分たちの公正な判断をもつ権利がある」という考えに至った。彼は,大人は子どもを管理するのではなく,子ども自身の権利を尊重し,一個の独立した人間として子どもに向き合うべきであると考えたのである。

コルチャックは,子どもには生存に関する権利に加え,社会的権利がある,つまり子どもは「大人と対等な権利行使の主体」である,と考えたのである。

第3節 │ 子どもの権利条約の内容

子どもの権利条約 (以下「条約」) は,前文および3部54箇条から構成されている。本章では紙幅の都合により全文の掲載は行わないが,適宜,関係条項を示すこととする。なお,日本弁護士連合会子どもの権利委員会 (2017) や木附・福田 (2016) には政府訳の全文が掲載されているので,確認してほしい。

1. 原　則

(1) すべての子どものために

まず,条約第1条および第2条第1項を読んでみよう。

> **第1条**
>
> 　この条約の適用上，児童とは，18歳未満のすべての者をいう。ただし，当該児童で，その者に適用される法律によりより早く成年に達したものを除く。
>
> **第2条**
>
> 　1　締約国は，その管轄の下にある児童に対し，児童又はその父母若しくは法定保護者の人種，皮膚の色，性，言語，宗教，政治的意見その他の意見，国民的，種族的若しくは社会的出身，財産，心身障害，出生又は他の地位にかかわらず，いかなる差別もなしにこの条約に定める権利を尊重し，及び確保する。

　上記の条文においては，すべての子どもが，あらゆる条件によって差別を受けることなく権利を保障される，という条約の理念が示されている。子どもたちは誰でも，その子ども自身や家族が，いかなる人種や肌の色や民族であっても，どのような言語が母語であっても（第12章参照），どの性に属する人であっても（ここでは，女性／男性に限らず，さまざまな性を念頭に置いている。第13章参照），どのような宗教を信じていても意見をもっていても，どのような国や民族や社会的な出自であっても，財産の有無にかかわらず，そして障がいの有無にかかわらず，差別を受けることなく同等に権利を保障されるべきなのである。

(2) 子どもの最善の利益

　条約においては，「子どもの最善の利益」の尊重が規定されている。条約第3条第1項を読んでみよう。

> **第3条**
>
> 　1　児童に関するすべての措置をとるに当たっては，公的若しくは私的な社会福祉施設，裁判所，行政当局又は立法機関のいずれによって行われるものであっても，児童の最善の利益が主として考慮されるものとする。

　上記の条文より，子どもにかかわるあらゆる対応において，「児童（子ども）の最善の利益」の考慮が求められていることがわかる。教育や福祉などの子どもにかかわるサービス，および司法や立法においては，常に「子どものために」という視点が求められるのである。

2. 子どもの権利 —四つの柱

　条約に規定される子どもの権利の四つの柱は，生きる権利，守られる権利，育つ権利，参加する権利，である。以下，概観しよう。

(1) 生きる権利

　すべての子どもは，生命に対する固有の権利をもつ (第6条)。子どもは，自らの名前と国籍をもち (第7条)，自らの身元関係事項に不当に干渉されない権利をもっている (第8条)。

　また，すべての子どもには，健康に育つ権利がある。締約国には，子どもが適切な医療を受けられ，衛生的な環境で生活するための措置をとることが求められている (第24条)。心身の治療などで収容されている子どもの処遇 (第25条) や社会保障 (第26条) の権利についても定められている。

　さらに，すべての子どもには，家庭で育つ権利がある。子どもは親から分離されず (第9条)，別の国で暮らしている家族と再会したり再び生活をともにすることができる権利を有する (第10条，第11条)。

(2) 守られる権利

　すべての子どもは，あらゆる種類の差別や虐待・搾取から守られる。具体的には，家族に虐待されている子どもへの措置 (第19条)，家庭で生活できない子どもの社会的養護 (第20条，第21条)，難民の子どもの保護 (第22条)，拷問など残虐な扱いの禁止 (第37条)，紛争地域の子どもの人権保障 (第38条) が規定されている。また，子どもは，経済的搾取や子どもの教育および健康を妨げる労働 (第32条)，薬物使用 (第33条)，性的搾取 (第34条)，人身売買 (第35条)，その他の搾取 (第36条) から守られる。さらに，虐待・搾取を受けた子どもに対する身体的・心理的回復と社会復帰のための措置 (第39条) や，罪を犯したとされる子どもに対する基本的自由の保障 (第40条) が規定されている。

(3) 育つ権利

すべての子どもは，教育を受ける権利をもつ。ここでは，条約第28条および第29条を，あえて解説を加えずにそのまま引用する。長文であるが，ぜひ音読しよう。そのうえで，これらの条文では子どもの教育権がどのようにとらえられているか，具体的な例を思い浮かべながら理解を深めよう。

第28条

1　締約国は，教育についての児童の権利を認めるものとし，この権利を漸進的にかつ機会の平等を基礎として達成するため，特に，

　(a) 初等教育を義務的なものとし，すべての者に対して無償のものとする。

　(b) 種々の形態の中等教育（一般教育及び職業教育を含む。）の発展を奨励し，すべての児童に対し，これらの中等教育が利用可能であり，かつ，これらを利用する機会が与えられるものとし，例えば，無償教育の導入，必要な場合における財政的援助の提供のような適当な措置をとる。

　(c) すべての適当な方法により，能力に応じ，すべての者に対して高等教育を利用する機会が与えられるものとする。

　(d) すべての児童に対し，教育及び職業に関する情報及び指導が利用可能であり，かつ，これらを利用する機会が与えられるものとする。

　(e) 定期的な登校及び中途退学率の減少を奨励するための措置をとる。

2　締約国は，学校の規律が児童の人間の尊厳に適合する方法で及びこの条約に従って運用されることを確保するためのすべての適当な措置をとる。

3　締約国は，特に全世界における無知及び非識字の廃絶に寄与し並びに科学上及び技術上の知識並びに最新の教育方法の利用を容易にするため，教育に関する事項についての国際協力を促進し，及び奨励する。これに関しては，特に，開発途上国の必要を考慮する。

第29条

1　締約国は，児童の教育が次のことを指向すべきことに同意する。

　(a) 児童の人格，才能並びに精神的及び身体的な能力をその可能な最大限度まで発達させること。

　(b) 人権及び基本的自由並びに国際連合憲章にうたう原則の尊重を育成すること。

　(c) 児童の父母，児童の文化的同一性，言語及び価値観，児童の居住国及び出身国の国民的価値観並びに自己の文明と異なる文明に対する尊重を育成すること。

(d) すべての人民の間の，種族的，国民的及び宗教的集団の間の並びに原住民である者の理解，平和，寛容，両性の平等及び友好の精神に従い，自由な社会における責任ある生活のために児童に準備させること。
　(e) 自然環境の尊重を育成すること。
2　この条又は前条のいかなる規定も，個人及び団体が教育機関を設置し及び管理する自由を妨げるものと解してはならない。ただし，常に，1に定める原則が遵守されること及び当該教育機関において行われる教育が国によって定められる最低限度の基準に適合することを条件とする。

　育つ権利に関連しては，このほか，少数民族の子どもが自らの文化や言語を使用する権利を否定されない（第30条）ことや，教育を受けるばかりでなく休息と余暇の権利がある（第31条）ことが規定されている。

(4) 参加する権利

　すべての子どもは，社会に参加する権利をもっている。子どもは，自己の意見を表明する権利をもち，その意見は子どもの年齢や成熟度に応じて考慮される（第12条）。また，子どもには，表現の自由（第13条），思想・良心および宗教の自由（第14条），結社の自由および平和的な集会の自由（第15条）が認められる。さらに，子どもは，私生活や家族，住居，通信について不法に干渉されたり名誉や信用を攻撃されない権利を有し（第16条），マス・メディアを利用する権利が認められるとともに，有害な情報から守られる（第17条）。

第4節　｜　子どもの権利条約からみる日本の教育の現状

1.　国連子どもの権利委員会（CRC）の勧告

　2010年6月，国連子どもの権利委員会（CRC）は，日本が提出した第3回定期報告（CRC/C/JPN/3）の審査結果を「条約第44条に基づき締約国から提出された報告の審査　最終見解：日本」にまとめ，多岐にわたる懸念や勧告を示した。紙幅の都合により，CRCの指摘を下記6点にまとめた。なお，末尾の数字は当該文書のパラグラフ番号である。

第一に，子どもの権利をベースとする包括的な国内行動計画や条約の実施を監視するメカニズムが欠如していることである (5 〜 18)。関連で，子どもに関する継続的な調査データや子どもの権利条約に関する広報や研修の不足 (23 〜 24) や，子どもに関する計画や子どもへの福祉サービスの質の確保にあたって子どもの最善の利益が十分に考慮されていない点も指摘されている (37 〜 40)。

　第二に，子どもの社会的属性に基づく差別的取扱いである。具体的には，非嫡出子の権利の制約，マイノリティや外国につながる子どもや障がいをもつ子どもへの社会的差別，マイノリティの子どもの社会的・経済的周縁化が継続していることへの懸念，各種学校 (民族学校) に対する取扱いの問題，障がいのある子どもによる教育へのアクセスの制約，無国籍状態から子どもを守る対応の不十分さ，等である (以上，33 〜 35，45 〜 46，58 〜 59，86 〜 87)。

　第三に，「生きる権利」にかかわる対策の勧告である。具体的には，児童虐待防止プログラムの実施や被虐待の子どもの保護の強化 (57)，また，子どもの生活水準に関するデータや制度の充実 (66 〜 67)，青少年の自殺に関する調査や防止措置等の対応 (41 〜 42)，子どものメンタルヘルスや保健サービスに関する調査および対応 (60 〜 61)，HIV/AIDS に関する啓発教育 (64 〜 65) である。

　第四に，「育つ権利」の保障にかかる懸念である。ここでは，学校教育法の体罰禁止規定が効果的に履行されていないこと (47 〜 48) や，遊びや自主的活動への言及 (76) がみられるが，とりわけ重要な指摘としては，「高度に競争的な学校環境が，就学年齢にある児童の間で，いじめ，精神障害，不登校，中途退学，自殺を助長している可能性があること」(70) の懸念が挙げられる。

　第五に，「守られる権利」の保障にかかる勧告である。具体的には，親のない難民児童 (庇護申請児童) への支援体制の確立 (77 〜 78)，人身取引に対する監視や被害者への支援体制の確立 (79 〜 80)，子どもの性的搾取に対し加害者を訴追するとともに被害者への支援の提供 (81 〜 82)，少年司法における処罰的な法改正を見直し子どもへの支援や教育的措置の保障 (83 〜 85)，等である。

　第六に，「参加する権利」にかかる指摘である。具体的には，児童福祉サービスが子どもの意見に「ほとんど重きを置いていない」こと，学校が子どもの「意

見を尊重する分野を制限している」こと，政策立案過程でも子どもの「意見が配慮されることがほとんどない」(以上43) ことが指摘されている。

　なお，日本がCRCに提出した第4回・第5回統合定期報告書(CRC/C/JPN/4-5) に対するCRCの総括所見 (2019年3月) においては，最低婚姻年齢の男女統一，児童ポルノ規制，「子供の貧困対策」等，一定の施策を評価する一方で，特に，差別の禁止，子どもの意見の尊重，体罰，家庭環境を奪われた子どもへの措置，リプロダクティブヘルスと精神保健，少年司法については，緊急の措置が執られるべきであると指摘されている。

2.　日本の学校現場における課題

　現在，日本の学校現場では，子どもの権利にかかわる問題は山積している。本章の冒頭で紹介した頭髪指導の問題は，その一例である。

　この他にも，貧困 (本書第10章)，社会的養育 (第11章)，外国につながる子ども (第12章)，性的マイノリティの子ども (第13章)，特別なニーズを有する子ども (コラム「特別支援教育」)の問題は重要である。これらの各問題については，それぞれ本書の該当章またはコラムを一読したうえで本章に立ち返り，子どもの権利条約の観点から改めて考察してみてほしい。

　さらに，近年では，スクール・セクシュアル・ハラスメントの問題も顕在化しつつある (内海崎編 2017)。スクール・セクシュアル・ハラスメントは，非対称な教師−子ども関係の中で生じる子どもの身体および性的主体性の侵害あるいは性的搾取であり，子どもの権利侵害としてとらえられるべき問題である。

　子どもの権利侵害は，大人の「常識」の中で，顕在化されないかたちでも生じる。次項では，「女の子の教育」の問題を事例に考えよう。

3.　女の子の教育 ―「隠れたカリキュラム」による権利の制約

　マララ・ユスフザイは，パキスタンで女の子が教育を受けられない現状を訴え，2012年，16歳の時に銃撃され生死をさまよう重傷を負うも屈服せず，2014年にノーベル平和賞を受賞した。彼女が訴えたように，開発途上国においては

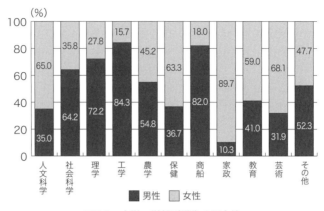

図7.2　大学・学部別学生の男女比
出典：文部科学省（2021）より筆者作成

女の子の教育機会が制限されている。たとえば彼女の出身国パキスタンでは，2011年から2016年の初等教育進学率は男性79％に対し女性は68％，2019年の若者（15-24歳）識字率は男性79.7％に対し女性65.2％であった。

　日本ではどうか。高等学校進学率は男女ほぼ同じであり（2020年度：男性95.6％，女性96.0％），一見，教育機会は男女で平等のように思われる。しかし，大学や大学院への進学率は，女性は男性より低く（学部：男性56.6％，女性50.7％，大学院：男性14.3％，女性5.5％），日本ではアカデミックな世界に進む女性が少ない。さらに大学の学部をみると，社会科学，理学，工学などは男性が多く，人文科学，保健，家政，教育などは女性が多い（図7.2）。

　なぜ，女の子と男の子は異なる進路を選択するのだろうか。それには，制度上の機会均等とは別に，「隠れたカリキュラム」による機会の制約が介在している可能性が考えられる。たとえば，日本史で取り上げられる人物は男性が多い等，教材に描かれたジェンダー・バイアスがみられる。また，女の子が授業中の発言が少ない（サドカーとサドカー 1996）など，教室内での相互作用の影響も考えられる。これらから，「女の子は男の子ほどには勉強しなくてよい」「男の子は理系や社会科学系，女の子は文系」といった隠れたメッセージが伝えられている可能性がある。

103ページに示した条約第28条には，教育の機会均等が規定されている。高等教育については，「(c) すべての適当な方法により，能力に応じ，すべての者に対して高等教育を利用する機会が与えられるものとする」と規定されている。また，101ページに示した第2条に規定される差別の禁止には，「性」による差別も含まれている。性によって教育の機会が「隠れた」かたちで制約されることは，子どもの権利保障の観点からも，問題があるだろう。

おわりに

以上，「子どもの権利条約」を手がかりに，日本の教育の現状を考えてきた。学校で子どもの権利を保障するための課題は多い。「子どもの最善の利益」が考慮され，子どもが「権利行使の主体」として尊重されるためには，学校はどのように変わる必要があるだろうか。

長年にわたる子ども観や社会慣行を変えるのは容易ではない。しかし，人類は，知恵を用いて，さまざまな課題に立ち向かってきた。教職を目指すあなたも，教職以外の進路を模索しているあなたも，本書で提示される具体的な問題を手がかりに，子どもの権利保障について考え続けてほしい。

［藤田由美子］

●発展課題●

① 小学校・中学校・高校でどのような生活指導（生徒指導）を受けたかをノートにまとめたうえで，それらを「子どもの権利条約」に照らして分析しよう。
② もしあなたが教師になったら子どもの権利をめぐる課題にどのように取り組みたいと考えるか。第4節3.の例示を参考にひとつ選び，具体的に考えてみよう。

お薦め図書・映画

① アンジェイ・ワイダ監督 (1990)『コルチャック先生』(発売・販売元：紀伊國屋書店)
② トメク・ボガツキ作，柳田邦男訳 (2011)『コルチャック先生　子どもの権利条約の父』講談社

コルチャックを描いた映画と伝記絵本である。あわせて読む（みる）ことを勧める。

③ 木附千晶・福田雅章著，CRC日本監修（2016）『子どもの力を伸ばす　子どもの権利条約ハンドブック』自由国民社

　　子どもの権利条約についてわかりやすく解説する図書である。各章の冒頭に平易な事例を示す，漢字によみがなを付す等，子どもが理解できるよう配慮されている。ジェンダーの視点から考察する事例も含まれている。

引用・参考文献

内海崎貴子編著（2017）『教職のための教育原理（第2版）』八千代出版.

木附千晶・福田雅章著，CRC日本監修（2016）『子どもの力を伸ばす　子どもの権利条約ハンドブック』自由国民社.

国際連合子どもの権利委員会（2010）「児童の権利に関する条約　児童の権利委員会　第54回会期　2010年5月25日-6月11日　条約第44条に基づき締約国から提出された報告の審査　最終見解：日本　CRC/C/JPN/CO/3（仮訳）」

国際連合子どもの権利委員会（2019）「日本の第4回・第5回統合定期報告書に関する総括所見」

サドカー, M.・サドカー, D.著，川合あさ子訳（1996）『「女の子」は学校でつくられる』時事通信社.

チューリップテレビ「県立高校4校で140人の生徒が頭髪をはさみで切る指導」2018年3月22日付．http://www.tulip-tv.co.jp/news/detail/index.html?TID_DT03=20180322195054（2018年4月28日閲覧）

塚本智宏（2002）「ヤヌシュ・コルチャック　「子どもの権利」の探究」『稚内北星学園大学紀要』2, pp.5-35.

塚本智宏（2007）「コルチャック先生の教育者教育　若い教育者へのメッセージ—著作からの抜粋・論文集」『名寄市立大学紀要』1, pp.115-131.

日本弁護士連合会子どもの権利委員会（2011）「パンフレット　国連から見た日本の子どもの権利状況—国連子どもの権利委員会第3回政府報告書審査に基づく同委員会の総括所見（2010.6）を受けて」

日本弁護士連合会子どもの権利委員会編著（2017）『子どもの権利　ガイドブック【第2版】』明石書店.

ポーランド広報文化センター「ポーランドについて：ヤヌシュ・コルチャック」http://instytut-polski.org/about-pl/janusz-korczak/（2018年5月7日閲覧）

毎日新聞「「髪染め強要で不登校」高3, 大阪府を提訴」2017年10月27日付 https://mainichi.jp/articles/20171027/k00/00e/040/327000c（2018年4月28日閲覧）

文部科学省（2021）『令和3年度学校基本調査』

第8章

教育の公共性

┌─ **キーワード** ─────────────────┐
公共性，藤田・黒崎論争，教育の市場化論，教育の共同体
論，学校選択制，平等
└─────────────────────────────────┘

はじめに

　教育は「公共性」を帯びている──。こう聞くとピンとこない人も多いのではないだろうか。しかし，以下のように考えてみるとどうだろうか。

　日本や先進国を中心とした多くの国々においては，初等教育，中等教育の一部が「義務教育」と位置づけられており，一定の年齢に達した子どもは基本的に全員，学校に通って教育を受けることになっている。そして，日本において義務教育は「無償」となっており，授業料等は国が負担することとなっている。これは日本国憲法の第26条の精神を反映したものである（章末参考資料参照）。

　義務教育の無償の理念の範囲が及んでいるのは小・中学校だけではない。高等学校や大学などの教育機関にも公的な資金が投入されている。さらに言えば，国立，公立の学校のみならず，私立の学校も助成金などの公的な資金を得ることによって運営されている。すなわち，学校教育は多くの税金，つまり「国民みんなのお金」によって行われている事業であり，私たちはその恩恵を受けているのである。

　「みんなのお金」がみんなのために使われる…。こう考えると，教育とは「公共」の要素を多分にもっていることがわかるだろう。しかし，なぜ，学校教育は「みんなのお金」によって運営されているのだろうか。そして「みんな」のための教育とはどのようなものなのだろうか。本章では，このような疑問を解き明かしつつ，教育という営みが有している「公共性」について議論し，今後の社会において「公共性」をもった教育が目指す方向性について考えていきたい。

第1節 | 教育の公共性と公教育

1. 「公共性」とは何か

　われわれが最もなじみのある「公共性」の概念としては，「公共事業」「公共の福祉」といったような国や公共団体が営む行政活動が挙げられる。これは，表向きには，営利を目的とすることよりも，市民の利便性のために行われる事業を指すことが多かった。しかし，1990年代以降になって，道路建設，河川工事，干拓事業といった公共事業が自然環境，生活環境を破壊し，公害などによる近隣住民への被害が露呈したことから，国家が提供する公共事業の公益性に疑いの目が向けられるようになっていった。そこで登場したのが，国家から与えられるものとしての「公共性」(国家的公共性) ではなく，市民や住民に共通したもの，開かれているものといった意味での「公共性」(市民的公共性) であった (齋藤 2000：2，田中 2003：90)。

　こうした「公共性」概念の変化は，学校教育のあり方をめぐってもさまざまな変化を生み出した。たとえば，国家によって方針づけられた教育をひたすら子どもたちが享受するといった従来の学校のあり方から，地域住民の意思を学校教育の方針に反映させたり，学校の設立や学校選択の自由化 (規制緩和) を求める声が大きくなったりして，実際に導入される動きがあった。

　このように「公共性」に込められる概念は非常に複雑で，時代や人々の考え方の方向性によって，それぞれ異なる意味合いでとらえられるものである。また，加藤潤が「「公共」とは，実際には，国家や市場によって個人の自由と多様性が与えられ保護される空間でありながら，同時に，守られるはずの個人は国家と市場に従属するという二重拘束 (double bind) を抱えている」(加藤 2011：47) と説明しているとおり，矛盾をはらんでいる概念でもある。

　ただし，共通して言えることは，「公共性」とは，多様な個人の集合体である「みんな」を包摂する概念であるということである。「みんな」を包摂することが可能な空間とは，個人の多様なアイデンティティの形成を保障する空間 (加藤 2011：54) と言い換えることができるであろう。

2. 公教育とは何か

　ここでは「公教育」とは何かについて考えてみよう。

　大学の定期試験などで「公教育とは何か」という問題を出すと「公立学校で行われている教育」という答えが返ってくることがあるが,「公教育」とは公立学校で行われている教育のみを指す言葉ではない。先にも触れた日本国憲法第26条に謳われているとおり,国は国民に対して教育の義務を負っており,すべての国民は「ひとしく」教育を受ける権利をもっている。同時に,国民は子どもたちに教育を受けさせる義務を負っている。子どもたちは,国で決められた年齢 (満6歳) になると,決められた場所 (学校) において,国が定めた学習指導要領に基づいた内容を教えられることになる。このような教育のあり方は,前述の「国家的公共性」の概念に近く,学校教育は一種の公共事業ともいえる。とりわけ学校教育は,国立／公立／私立といった設置者を問わずに公共性が明示されている。たとえば,教育基本法第6条〈学校教育〉では「法律に定める学校は,公の性質を有するものであって…」とあり,同法第8条〈私立学校〉においても「私立学校の有する公の性質…」と記されており,学校教育においては,国立／公立／私立を問わずに「公の性質」があるものとされている。

　学校教育のみならず,図書館,博物館といった社会教育施設における教育,さらには成人教育にも少なからず国が関与し,税金が投入されていることから,これらの教育も公教育の一部ということができる。こうして考えてみると,子どもから大人に至るまで,私たちに開かれている教育の機会の多くは公共性を帯びていることがわかるだろう。すなわち「公教育」とは,公の性質を帯びた教育のすべてを指す概念である。

3. 国家と教育／個人と教育

　それではなぜ,国家は国民の教育にみんなのお金である税金を投入し,義務教育を無償にしたりするのであろうか。

　国家にとっては,国民に対して,国が決めた内容を学校教育でしっかりと教え,国民一人ひとりの主体形成を行うことによって,個人の集合体としての国

家の統合と安定，次世代への存続が実現するという目的を達成することができると考えられてきた。国家が教育に込めている目的はここにある。

　一方，教育を受ける側の個人にとってはどうだろうか。皆さんは何のために，誰のために，遊びたいのを我慢して学校へ行き，勉強を一生懸命頑張ったのだろうか。おそらくは，学校へ行ってしっかり勉強し，少しでも高い学歴を手にすることで，将来の進路選択の幅を広げ，よりよい職業に就き，安定した生活を手に入れるためではないだろうか。もしくは自分自身の夢や目標をかなえるためであるという人もいるだろう。現代の公教育の理念としては，日本国憲法にも謳われているとおり，すべての人が平等に一定の教育を受けることができるとされている。つまり，個人にとっての教育を受ける意味とは，自分自身の属性にかかわらず，よりよい生活や夢を叶える手段となっている。ここから，教育とは一方では国家の存立と存続を左右し，他方では個人の夢の実現を左右する営みであるということができるのである（田中 2003：88）。

　このように，教育は個人的な夢の実現という営みであると同時に，国家を支える成員を育成し，社会を維持・存続させるといった「みんな」のため，国家のための「公共性」を帯びた営みである。教育が「公」の性質を帯びているということは，どんな人でも平等に享受できるものであることが大前提となる。

第2節 ｜ 教育の市場化論と教育の共同体論

　このように，「教育には公共性があり，教育を受けることで個人は幸せを手にすることができ，国家も維持・存続することができる」という考え方は，長らく国家が教育を丸抱えして国民に提供するという形式をとることにつながり，人々も国家による教育の恩恵を受けてきた。しかし，1990年代に入った頃から新自由主義的な思想（公的補助の縮小，規制緩和，市場・競争原理の導入）が席巻し，これまでのような国家主導の教育から脱却しようとする考え方が登場した。一方で，こうした動きに反発し，教育を共同体形成の場ととらえる論が台頭し，教育の「公共性」をめぐって論争を巻き起こした。本節では「教育の市

場化論」と「教育の共同体論」がいかに教育の「公共性」を高めようとしているかを概観し，具体的な事例として「学校選択制」をめぐる論争を取り上げる。

1. 教育の市場化論

　日本において，教育に限らず「公共性」の概念に大きな揺らぎが生じたのは1990年前後であり，日本国有鉄道（1987年），日本電信電話公社（1985年）など，公共事業とされていたことが次々と規制緩和の波を受けて，自由化，民営化されていった。時期を同じくして教育の分野にも，これまでのような国家主導の鋳型的な学校教育から抜け出し，学校経営の民営的運用や公立学校の学区制廃止と自由選択制といった新自由主義的な市場主義の考え方による教育の自由化が議論されるようになった。

　教育の市場化論の主張はこうである。教育を市場化し自由化すれば，各学校は各々の特色を打ち出した個性的な教育を行うことが可能となる。また，学区をなくして近隣の学校との間に生徒獲得といった競争原理が働けば，学校も教師もよりよい教育を目指して切磋琢磨するようになる。努力をした学校は多くの生徒を獲得することができて活性化する。一方で，十分な教育を提供することができなかった学校は生徒を獲得することができずに淘汰の危機にさらされるため，努力せざるを得なくなる。このように，学校教育はこれまでのような横並びで代わり映えのしない教育を提供する場ではなく，よりよい教育を提供するべく向上する場となっていく。一方，教育の受益者である子どもや保護者たちにとっては，決められた学区内の決められた学校に通うのではなく，自分たちのニーズに合った学校を選択する権利をもつことが可能となる。このように，教育を自由化し，学校を競争にさらすことによって，住民みんなが望ましい教育を受けることが可能となり，学校もより良い教育を追求することから教育水準も向上する。これこそが「みんな」にとっても国家にとっても利益につながり，ひいては教育の公共性を高めることにつながる。すなわち，教育に市場原理を持ち込むことで，教育の公共性を高めることができるという主張である。

2.　教育の共同体論

　このような教育の市場化論と時を同じくして，教育に競争ではなく共同を求める市民的公共性をベースにした教育観があらわれた。このような教育の共同体論の主張としては「教育は国民国家・市民社会の秩序を維持するうえで欠かせない共通の価値を教えるとともに，階層的な不平等の世代間再生産を是正する機能を持たねばならない」(田中 2004：89) というものである。ここでいう「共通の価値」とは，国家のお仕着せのものではなく，学校側と保護者，子どもたちが一緒になって開発したカリキュラムでもって学ぶ内容のことを指している。また，学校においては，テストの点などによる序列づけのような競争を行う場としてではなく，子どもたち同士や教師と生徒の間で合意を基にした協働を学ぶ場であるとされている (田中 2004：89)。

　つまり，教育の共同体論は，競争ではなく平等を追求することが重要とされ，平等を達成するためには，教育にかかわる「みんな」の合意で決められた共通の教育を行うことをとおして，社会の秩序を保つための共通の価値観を醸成することが必要であり，それこそが教育の公共性を高めることにつながるという主張である。

3.　学校選択制をめぐる教育の公共性論争

　1990年代に教育の市場化論が登場し，実際の教育政策としても学区の廃止，学校の自由選択制，習熟度別学習などが取り入れられるようになったことを受けて，教育の市場化の動きに厳しい批判の声が向けられるようになった。ここでは，教育の公共性をめぐる有名な論争の一つとして，1990年代後半に教育行政学者の黒崎勲と教育社会学者の藤田英典が繰り広げた，学校選択制をめぐる教育の市場化に対する議論 (藤田・黒崎論争) を具体例として紹介する (黒崎 1996, 1997；藤田 1996, 1997)。

(1) 学校選択制導入の推進 —黒崎勲の主張

　黒崎は，学校選択制を導入することは，学校を自らの手で選択することで，

子どもや保護者といった教育の受益者側にその主導権が受け渡され，かつ，学校も選択される側に置かれることで，硬直的で官僚的な状況を打開することができるとした。黒崎は，従来の教育システムにみられたような画一的なカリキュラムと国家主導の教育行政や子どもや保護者のニーズを無視した学校運営に，学校選択制という市場原理を導入し，教育の受益者である人々の多様なニーズにこたえられる満足度の高い教育システムを実現することによって，教育の公共性を高めることが可能になると論じた。

　この背景には，1990年代後半から2000年初頭にかけての私立学校の受験ブームによる公立学校の不人気といった問題があったことから，学校選択制の導入は，公立学校の人気を取り戻すための策の一つであるとも位置づけられている。

(2) 学校選択制導入に対する懸念 —藤田英典の反論

　一方，藤田は黒崎が主張した学校選択制といった教育への市場原理の導入を厳しく批判した。藤田によると，学校選択制が導入されると，親や住民たちは意のままに学校を選ぶことになる。その結果，親の教育への意識の高さといった家庭の階層文化が学校選択に反映されることとなり，階層ごとに選択する学校が異なるという現象が起こってくるという。当然，学校側が提供する教育内容は通ってくる子どもたちや保護者のニーズに応えようとするので，受ける教育の質も学校によって異なってくることになり，結局は家庭の階層による教育格差は拡大し，階層は再生産されることになっていく。そうなると，教育の平等は保障されないことになるので，学校選択制の導入は教育の公共性を高めるどころか低めてしまうことにつながるのではないか。このように，藤田は教育への市場論理の導入を批判している。

(3) 学校選択制のその後と公共性論争のゆくえ

　実際，1997年に文部省(当時)が「通学区域制度の弾力的運用について(通知)」を出し，学校選択制は2000年代前半にかけて全国的に導入が進んでいったが，保護者たちの口コミによって人気／不人気が左右されたり，地域によっては立

地が悪い学校が不人気となり，生徒の人数が少ないことから部活動の運営に支障が出るといった問題が起こったりして，現在では学校選択制を取りやめている自治体も多い。このように，学校選択制が教育の公共性を高めたかどうかというと，十分に高めたとはいえないだろう。しかし，藤田が懸念したような階層格差の顕在化に至らないうちに，学校選択制を取りやめた自治体が多かったため，公共性を低めたともいえない状況である。

　こうした現状はともかくとして，教育の市場化論も教育の共同体論も目指していることは「教育の公共性をいかに高めるか」ということであり，実は同じゴールを見据えた議論である。例えるならば，ひとつの山の頂上を目指して，別々の登山口からアプローチするようなものであり，教育の公共性を達成するための手段が異なっているということである。どちらが優れた方法かというよりは，本当に目指すべきものは何なのか，本当に目指すべき価値があるのかといったことを今一度，吟味することであろう。すなわち，教育の公共性を子どもや保護者といった受益者のニーズを重視するか，社会的平等を重視するか，といった二項対立図式で議論するのではなく，現在の私たちが置かれている現状を考慮したうえで，今の教育に求められている公共性の中身をしっかりと議論する必要があるのではないだろうか。

第3節 これからの教育の「公共性」とは

1. ハーバーマスとアーレントの「公共性」概念

　それでは，再び原点に立ち戻って，これからの時代に求められる教育の「公共性」について考えてみよう。これまで多くの論者が「公共性」の概念について検討を重ねてきた。未来に向けての教育の公共性を考えるきっかけとして，ドイツの哲学者であるユルゲン・ハーバーマス (Jürgen Habermas) とハンナ・アーレント (Hannah Arendt) の論を簡単に紹介する。

　まず，ハーバーマスの「公共性」概念をみてみよう。田中智志は，ハーバーマスの提唱した「公共性」概念を端的にまとめ，公共性とは「問題にかかわる市

民すべてが納得するような合意（公共的価値）を生み出す，開かれたコミュニケーション（人々が互いに自分の考えを公然と他者と伝えあう）の空間」（田中2003：90）であると説明している。ハーバーマスはこのように市民による「合意」を重視した「市民的公共性」を提唱し，開かれたコミュニケーションの空間の実現のためには，国家の上意下達のシステムから距離を置いた「自立的思考」を身につけた個人であることが求められるとしている（田中2003：90）。

　一方，アーレントが論じる「公共性」とは，ハーバーマスが提唱するような「開かれたコミュニケーションの空間」において，多様な人々が自立し，その空間から排除されることもなく，合意に無理に同意させられることもなく，他者を承認し同時に自己をも承認するという感覚を培うもの（齋藤2000，田中2003）といったもので，多様なアイデンティティ形成社会を目指す概念である（第2章参照）。

　ハーバーマスもアーレントも公共性を「開かれたコミュニケーション空間」による市民の合意と承認といったものと定義しているが，人類の歴史においては長い間にわたり「公的空間」から排除されてきた人々がいたことを忘れてはいけないだろう。たとえば，以前のヨーロッパ社会などでは，女性は二級市民，男性は一級市民として位置づけられていた時代があった。こうした社会においては，公的空間で議論することは一級市民である男性とされ，女性は公的な場から排除され，家庭の中＝私的空間にいるものとされていたのである。

　しかし，今後の「公共性」概念について考えるにあたって，公共性を「開かれた」ものとするためには，そこから排除される人がいないよう，「市民」の定義を問い直す必要がある。そして，性別や人種，民族，国籍などといった属性の違いを包摂するような意識を市民全員が共有することが必要になってくるだろう。

2.　教育の公共性と平等 ―「みんな」のための教育

　いま一度，教育の「公共性」の概念に立ち戻ってみよう。冒頭でも述べたとおり，教育という営みは，個人の将来の選択肢を広げて夢の実現を左右すると

同時に，教育を受けた個人の集合体としての国家を維持・存続させることができる，「みんな」のためであり国家のためであるといった「公共性」を帯びた営みである。教育空間が「公共性」を帯びているということは，性別，国籍，出自，人種，障がいの有無等によって異なる処遇をすることなく，「みんな」平等に包摂する必要性があるということになる。日本国憲法第14条においても「すべて国民は，法の下に平等であつて，人種，信条，性別，社会的身分又は門地により，政治的，経済的又は社会的関係において，差別されない。」と規定されており，公的な場でもある学校においては，いかなる属性をもった子どもであっても平等に教育を受ける権利を有している。

　学校教育における平等の問題は，長い間にわたって議論の対象となってきた。たとえばジェンダーの問題では，教育空間における教師による男子と女子に対する処遇の差や，その結果である進路選択の問題などが学校教育の平等性を脅かし，さらには学校を卒業した後も社会的に不利な方向に水路づけられるという点において批判の対象となってきた（進路選択の男女差については第7章，第9章参照）。昨今においては，ジェンダーの問題のみならず，グローバル化の進展による外国につながる人々の増加（第12章参照）や多様な特性をもった人々へのまなざしの変化などによって，国籍や人種，宗教の違い，障害の有無による学校教育における不平等にも焦点があてられるようになってきた。また，新自由主義の台頭と1990年代半ば以降の長期に及ぶ不況による社会的格差の顕在化を受け，子どもの貧困（第10章参照）や家庭環境による学力格差（第9章参照）といった問題も取り上げられるようになった。教育が「みんな」に対して開かれている「公共性」を帯びた営みである以上，学校のみならず，教育に携わる人のすべてが，「教育における公共性とは何か」という問いを常に意識し，平等を脅かす問題に真摯に向き合っていく必要がある。

おわりに

　現代社会においては，情報化社会，グローバリゼーションの挑戦を受け，国家の境界線も個人の境界線も揺らいできている。また，少子高齢化は今後，さ

らに進むことが予想されており，AI（Artificial Intelligence）やIoT（Internet of Things）などに代表されるような科学技術開発の進展によって，産業構造やそれに伴う労働形態は大きく変化する可能性がある。当然，教育に求められる役割も時代に合わせて変わっていくであろう。

　このような流動的な社会において，私たちは新たな教育の公共性を考えていく必要性に迫られている。教育の目的を「個人の形成か，国民の形成か」といった二項対立的な視点で考えず，「個人は共同体の一員であり，共同体は個人の集合体で形成されている」という枠組みでとらえ，その共同体は性別，国籍，人種，思想，障がいの有無等，多様な属性をもった個人で構成されていることを前提としたうえで，多様性をも包括した「公共性」の概念を再構築することが重要である。

　そして，教育の役割としては，このような共同体を形成する市民の育成といった側面も求められている。ジョン・デューイ（John Dewey）は著書『学校と社会』（原著1899年）の中で，教育は共同体意識を作り出す大きな原動力となるとし，学校は共同体意識を形成するための「小さな社会」であると述べている（デューイ1957）。昨今では，社会の形成者としての意識を醸成することを目的とした「市民性教育（シティズンシップ教育）」にも注目が集まっている。よき共同体を形成する営みとしての教育とは何か，「よき市民」とはどのような市民なのか，「よき共同体」とはどのような集団なのか，といったことも含めて，常に教育の背後に横たわる「公共性」の中身を問い続ける姿勢がこれまで以上に求められている。

［谷田川ルミ］

参考資料
【日本国憲法】（1946（昭和21）年11月3日）※抜粋

（教育を受ける権利）
第26条　すべて国民は，法律の定めるところにより，その能力に応じて，ひとしく教育をうける権利を有する。
　2　すべて国民は，法律の定めるところにより，その保護する子女に普通教育を受けさせる義務を負ふ。義務教育は，これを無償とする。

【教育基本法】（2006（平成18）年改正版）※抜粋

（義務教育）
第5条 国民は，その保護する子に，別に法律で定めるところにより，普通教育を受けさせる義務を負う。
2 義務教育として行われる普通教育は，各個人の有する能力を伸ばしつつ社会において自立的に生きる基礎を培い，また，国家及び社会の形成者として必要とされる基本的な資質を養うことを目的として行われるものとする。
3 国及び地方公共団体は，義務教育の機会を保障し，その水準を確保するため，適切な役割分担及び相互の協力の下，その実施に責任を負う。
4 国又は地方公共団体の設置する学校における義務教育については，授業料を徴収しない。

（学校教育）
第6条 法律に定める学校は，公の性質を有するものであって，国，地方公共団体及び法律に定める法人のみが，これを設置することができる。
2 前項の学校においては，教育の目標が達成されるよう，教育を受ける者の心身の発達に応じて，体系的な教育が組織的に行われなければならない。この場合において，教育を受ける者が，学校生活を営む上で必要な規律を重んずるとともに，自ら進んで学習に取り組む意欲を高めることを重視して行われなければならない。

（私立学校）
第8条 私立学校の有する公の性質及び学校教育において果たす重要な役割にかんがみ，国及び地方公共団体は，その自主性を尊重しつつ，助成その他の適当な方法によって私立学校教育の振興に努めなければならない。

● **発展課題** ●

① 教育の公共性を高めるために必要なことを挙げてみよう。そのうえで，どのような方法で公共性を高めることができるかを考えてみよう。
② 現代社会の特徴と現代の子どもたちの特徴を把握したうえで，学校教育の中で共同体を構成する市民としての資質を育む教育をどのように展開することができるか，具体的な授業計画を考えてみよう。

お薦め図書

① 田中智志（2003）『教育学がわかる事典』日本実業出版社

　この本は教育に関するさまざまなトピックを取り上げている事典である。見開き1ページで1テーマを扱っており，難しいことでもできる限りわかりやすく説明されているので読みやすく，教育学初心者にはもってこいの1冊である。「教育の公共性」「公共性の存在論」といったテーマも所収されているので，ぜひ一読をお勧めしたい。

② 齋藤純一（2000）『公共性』岩波書店

　この本では『公共性』の概念について，1冊を通して論じており，「公共性」を考えるうえでは必読の書であると言える。少々，難しいと感じるかもしれないが，本書で扱ったハーバーマスやアーレントによる「公共性」概念について詳述されているので，興味がある人はぜひ読んでみてほしい。

引用・参考文献

加藤潤（2011）「教育における市場性と公共性に関する考察：市場原理は多様なアイデンティティを実現するか？」『名古屋外国語大学外国語学部紀要』40号，pp.45-65.

黒崎勲（1996）「市場の中の教育／教育の中の市場」『教育学年報』5，世織書房，pp.25-54.

黒崎勲（1997）「学校選択＝複合的概念―藤田論文に接して再考すること」『教育学年報』6，世織書房，pp.377-408.

齋藤純一（2000）『公共性』岩波書店.

田中智志（2003）『教育学がわかる事典』日本実業出版社.

デューイ，J.著，宮原誠一訳（1957）『学校と社会』岩波文庫.

藤田英典（1996）「教育の市場性／非市場性―「公立中高一貫校」「学校選択の自由」問題を中心に」『教育学年報』5，世織書房，pp.55-95.

藤田英典（1997）「「教育における市場主義」批判―黒崎氏の反論に応えて」『教育学年報』6，世織書房，pp.409-455.

夜間中学

夜間中学は昭和20年代に始まった。1947年の学制改革で中学まで義務化されたが、戦後の混乱期には家庭の経済的困窮により仕事や家の手伝いのため通学が困難な子どもが少なくなかった。こうした子どもに公立中学校の夜間部で学ぶ機会を提供したのが起源である。ピークの1955年には全国で公立夜間中学が大都市圏を中心に89校あったが、1960年代後半には20校まで減少した。

しかしその後、夜間中学へのニーズが多様化・再拡大している。不就学のまま年を重ねた人々に加え、本人または親が海外から来た「外国につながる子ども」、不登校による義務教育未修了者、「配慮」による形式卒業者などさまざまな社会的背景・年齢・国籍の生徒が、義務教育段階の学び直しのニーズを持つ。しかし一般の中学校は学齢超過者や形式卒業者をほとんど受け入れてこなかった。

公立夜間中学の場合は、昼間の中学校と同様、教員免許を持つ教員が、文部科学省検定済教科書などを使って教え、授業料や教科書は無償である。授業は生徒の能力等に応じて学年等にしばられず柔軟に行われ、日本語指導の教員や通訳をおき充実を図る自治体もある。卒業後に高校や大学に進学した生徒もいる。

こうした状況を背景に、2016年に教育機会確保法が制定され、夜間に授業を行う学校等により就学機会を提供することが自治体の義務となり、大きな転機となった。文部科学省は翌年に「夜間中学等に関する実態調査」を行い、2018年の「第3期教育振興基本計画」では、各都道府県と政令市の67自治体に最低1校を設置する予定である。しかし2022年時点で新設4校を含めても15都道府県40校にとどまる。その大きな理由に、学び直しのニーズや入学希望者を把握する難しさが挙げられる。フリガナを振った案内をスーパーに置く、不登校・ひきこもり支援団体や国際協力団体から調査協力を得るなど、ニーズの掘り起こしに努めた事例もある。2020年国勢調査では学歴の選択肢に「小学」(「大学院」も)を追加したところ、最終学歴が小学校卒の人は80万人、うち50代以下は2万人に上り、その56%が外国籍であった(都道府県、政令市等別集計も公表)。

ニーズと現状とのギャップを埋める取り組みとして、ボランティアの社会人や学生が運営する従来からの「識字学級」のほか、近年「自主夜間中学」が各地で増えている。これらは法的には私塾と同様の位置づけであり、柔軟できめ細かい運営が可能な一方で、月に1、2度の開催が大半で、公的な卒業資格は得られず、行政の支援も乏しい現状にある。

夜間中学は映画「学校」にもなっている。マイノリティ性を持つ人々にも教育を受ける権利を保障するセーフティネットの役割を担っており、全国的な充実が早急に求められている。

(岩本健良)

第9章

教育の機会均等をめぐって

キーワード

進路選択，文理選択，進学格差，形式的平等，実質的平等，
経済支援

はじめに

　現在の日本において，教育の機会はすべての人に平等に開かれている。その根拠となる日本国憲法第14条第1項には「すべて国民は，法の下に平等であつて，人種，信条，性別，社会的身分又は門地により，政治的，経済的又は社会的関係において，差別されない。」とされ，法の下の平等が謳われている。さらに，第26条第1項では「すべて国民は，法律の定めるところにより，その能力に応じて，ひとしく教育を受ける権利を有する。」とされており，教育という公共性をもった営みの前においては，いかなる人もすべて平等に教育を受ける権利があることは，日本の教育制度において，最も重要かつ基本的な原理であるといえよう。

　それでは，なぜ教育の機会均等が求められるのだろうか。それは，第8章「教育の公共性」で説明したとおり，教育とは「みんな」のお金である税金を投入して行われる「みんなのため」のものであり「国家のため」でもある営み，すなわち「公共性」を帯びた営みであるため，すべての人に対して平等に開かれている必要性があるからである。「教育の機会均等」は，「教育の公共性」を具体的に実現するためのひとつの指針となり得る概念といえるだろう。

　本章では，近年の日本における教育の機会均等をめぐる諸問題を取り上げながら，これからの時代に求められる「教育の機会均等」についての新たな視点を探っていく。

第1節 ｜ 「教育の機会均等」という概念

1. 教育の機会均等とは

　教育の機会均等について，岡田昭人は「教育を受ける機会が，人種，信条，性別，社会的身分，経済的地位または門地により差別されず，能力に応じてひとしく保障されるべきであるという，近代公教育を支える理念の一つ」(岡田 2013：2) と定義し，「教育の機会均等の根底には，すべての人々がそれぞれの人生におけるいろいろな目的や達成を追求するとき，生まれながらに本質的に平等の権利をもっているといった考えがあり，そのためにどんな人でも，親あるいは自分自身の社会的地位や身体的，経済的条件などによって差別を受けるのではなく，それぞれ自己の希望や期待，そして能力に応じて教育を受ける機会が均等に与えられるべき」(岡田 2013：2-3) と説明している。この定義からも読み取れるように，教育の機会均等とは「どんな人でも」「すべての人々が」教育を平等に受ける権利を有していること，そのために教育の機会は平等に開かれるといった，公教育を支える理念である。

　このような教育の機会均等を実現するためには，すべての人々に対してまんべんなく平等な教育が行きわたるように条件を整備することが求められる。平等な教育機会を阻害するであろう性別，経済状況，人種，障害の有無，居住地といったあらゆる制約から解放されるように，教育政策や教育課程を整え，教育機会の均等を保障する必要性がある。しかし，現実には教育の機会均等が実現されたとしても，本人の資質能力以外の要因によって不平等が生じているケースが多々見受けられる。たとえば，学校の勉強に加えて学習塾に通える子どもと通えない子ども，部活動に必要な道具を買ってもらえる子どもと買ってもらえない子ども，親が進路について理解を示し協力的である家庭の子どもと親が子どもの将来に無関心である家庭の子ども…。こうしたケースにおいては，教育の機会自体は保障されたとしても，結果として得られる教育の効果には大きな差が生じることとなるだろう。教育の機会均等が，教育機会を万人に開くことのみならず，教育を受けることそのものに対しても「平等」の理念を

内包しているとしたならば，これらのケース（家庭の経済格差など）は教育の機会均等を阻むものとなり得るのである。

2. 教育の機会均等と能力主義

　近代以降の日本において，教育の機会均等が求められるようになった背景について歴史的な部分も含めて説明しておこう。

　近代公教育が始まる以前，社会に人が配分されていくプロセスはどのようになっていたのだろうか。近代以前における中世の社会では身分制，世襲制が敷かれていることが多かった。日本においても，士農工商といった身分制度によって，武士の子どもは能力や適性の如何にかかわらず武士になり，農民の子どもはどんなに学問に優れていても農民になるといったように，「生まれ」によって将来が決定される社会であった。それが近代になって身分制が撤廃され，人々は「生まれ」にかかわらず，将来を選択することができるようになった。その際に選抜の基準となったのが教育達成であった。人々は，いかなる「生まれ」であっても，頑張って勉強すれば「立身出世」することが可能となった。つまり，「生まれ」ではなく自分自身の「能力」によって，将来が決まる社会システム＝「能力主義（メリトクラシー）」の社会となったのである。「能力主義」とは，スタートを同じくして，同じ条件で競争したことによる結果の序列は，個人の純粋な能力と努力によるものだという考え方である。能力主義の社会においては，教育達成が能力を決定することになるため，教育の機会は平等に開かれていることが条件となる。こうした能力主義の舞台となるのは，主に学校教育の場であるため，学校教育の機会は「ひとしく」開かれていることが必要となっているのである。

3. 教育の機会均等と「平等」

　教育の機会均等における「平等」については，大きく分けて「形式的平等」と「実質的平等」の二つの考え方がある。「形式的平等」とは，教育「機会」の平等のことを指しており，すべての人が教育を受けるスタートラインに「ひと

しく」着くことができる状況のことを指している。一方で,「実質的平等」とは,教育を受ける側の社会的,文化的な格差を是正することによって,全体としての平等を目指す考え方である。また,「結果の平等」という考え方もあり,これはスタート地点というよりは,ゴールの時点,つまり教育達成における平等を意味している。

　冒頭で紹介した日本国憲法第26条第1項においては「すべて国民は,法律の定めるところにより,その能力に応じて,ひとしく教育を受ける権利を有する。」とされているが,この一文には相反する平等概念が混在しているとの解釈がある(たとえば坂野・福本 2012：200)。具体的に説明すると,「すべて国民は」「ひとしく」とは,万人がアクセスできる教育機会といった「形式的平等」に近いものと解釈できるが,「その能力に応じて」とした場合には,皆に同じ教育を提供するのではなく,個々人の能力によって異なる処遇をすることによって平等を目指すといった「実質的平等」と同様の意味合いに読み取れるというものである。実際の学校教育現場での実践を考えてみると,国民全員に教育の機会を開いて「形式的平等」を担保したうえで,学力の差については習熟度別クラスや放課後の補習授業などによるサポートを行い,経済的な格差については就学援助などで支援を行うといったように,「実質的平等」を実現しようとしており,ふたつの平等の概念が併存している状況である。

　しかし,習熟度別クラスや飛び級といった「能力に応じた」教育に関しては,子どもたちに異なる処遇をしているという観点から,平等ではなく不平等であるという解釈がなされることもある。このように,教育の機会均等における「平等」の概念をめぐっては,今もなお,議論が尽きない。「平等」とは何か,何をもって「平等」とするのかという問いに対しては,多様な価値観と解釈が存在するため,容易にひとつの答えを導き出せるものではないといえるだろう。

第2節 ｜ 教育の機会均等を阻む要因

　このように,日本の教育においては,理念の上でも制度の上でも教育の機会

均等，すなわち教育における「平等」を追求し続けてきた。しかし，考えてみてほしい。本当に教育の機会均等は実現していると言えるだろうか。教育の場において，「すべて」の人々が「ひとしく」教育を受けることができているだろうか。また，その結果としての教育達成においてはどうだろうか。

　先にも触れたとおり，おそらくさまざまな理由で教育の機会が平等に開かれていない，または教育を受ける過程において平等な処遇となっていないといったことが起こっているものと思われる。ここでは教育の機会均等を阻害するいくつかの要因，とりわけ進路選択にかかわる要因について考えてみよう。

1.　家庭の経済的，文化的要因

　これまでの子どもの学力と家庭の経済的，文化的要因との関係についての研究結果からは，家庭の経済的背景は子どもの学力に影響を及ぼすということが明らかにされている。通塾や学習教材に投資できるかどうかといったことは，子どもの教育達成に大きな影響を与えるものと考えられる。また，高収入の職業に就くためには高学歴が求められることが多いため，裕福な家庭では親が高学歴であるケースが多いものと考えられる。自らが高い学歴を得ている親の場合，子どもの教育にも熱心で教育投資も積極的に行うことが考えられるため，子どもの学力も高くなりやすい。他方，経済的に困難な家庭の子どもにとっては，裕福な子どもに比べ，教育達成においては不利になりやすくなってしまう。

　さらに，経済的な面に加えて，家庭における文化的環境が子どもの学力獲得や進路選択に影響を与えていることも指摘されている。たとえば，家庭における基本的な生活習慣，家庭学習の習慣，親の生活様式や教育に対する意識，教育投資の多寡といった点が，子どもの学力に影響しているものと考えられる。また，親が子どもの進路選択や職業選択について関心があるかどうか，家族が子どもの将来のロールモデルになるかどうかといったような，親や家族からの働きかけの影響も子どものキャリア展望や将来に向けての学習意欲に深くかかわってくるだろう。こうした家庭環境の影響は，生まれてから成長する間の毎日のことであるため，知らず知らずの間に子どもの価値観や行動様式といった

かたちで蓄積され，教育を受け始める段階ではすでに大きな差になっていることが考えられる。

　ただし，詳細は次節で説明するが，経済的な困難による教育機会の不均衡については，少なくとも経済的な部分に対しての最低限の支援は可能である。一方で，現在の日本において，文化的な側面については支援等のテコ入れが及ぶ範囲ではないため，教育の機会均等の不平等を根本的に是正するのは困難な状況にある。しかし，アメリカの経済学者のジェームズ・ヘックマン (James J. Heckman) によると，経済的・文化的に厳しい環境にある幼児期の子どもの教育に積極的に介入する公共政策によって，子どもの成長後の成功への効果を大きく高めることができることが実証されている（ヘックマン 2015：11-12）。経済的・文化的に厳しい環境の子どもに対しては，就学後の経済支援もさることながら，幼少期からの支援に力を入れることによって，機会の均等化を進めることの可能性が示唆されている。

2.　ジェンダーによる処遇の違いと進路選択への影響

　文部科学省による 2021（令和3）年度の学校基本調査によると，日本全国の大学（学部）に在籍する大学生のうち，女子学生は45.6％，男子学生は54.4％となっている。男子学生のほうが，女子学生よりも8.8ポイント多くなっているとはいえ，以前の時代に比べると，大学に在籍する大学生の男女差はだいぶ少なくなったといえる。しかし，第7章でも触れられているが，日本においては，大学の専攻分野によって，男女の在籍率が大きく異なっていることが指摘されている（第7章図7.2参照）。データによると，「商船」，「工学」，「理学」といった専攻分野は，圧倒的に男子学生が多く，女子が少ない傾向がみられている。反対に，「人文科学」，「保健看護他」，「家政」においては，男子よりも女子のほうが多くなっている。

　学校教育は基本的に男女平等の理念で行われている。2006年に改正された現行の教育基本法の第2条「教育の目標」の第3項においては，「正義と責任，男女の平等，自他の敬愛と協力を重んずるとともに，公共の精神に基づき，主体

的に社会の形成に参画し，その発展に寄与する態度を養うこと」と謳われている。また，先にも挙げた教育基本法第4条「教育の機会均等」においても「…人種，信条，性別，社会的身分，経済的地位又は門地によって，教育上差別されない」と明記されている。とくに，学校における教科教育においては，日本全国統一の学習指導要領のもと，小学校の頃から教室の中では男女とも同じ教科書を使って，同じ先生による，同じ内容の授業を受けてきている。一見，教育の機会は男女において差別されずに平等に開かれているように見えるが，進路選択の結果においては男女によって選択する分野に大きな偏りが生じてしまっている。

　この原因のひとつとして，第6章および第7章の中では，学校教育の中における「隠れたカリキュラム」として，男女に対する処遇の違いについて説明されているので，そちらも本章と並行して参照してほしい。ここでは，学校における「隠れたカリキュラム」について，少し具体的に取り上げてみたいと思う。

　高校の進路指導の場面などで，進学を考えている女子生徒が文系か理系かで迷っているとき，または，理系科目が得意で理工系の学部への進学を希望しているときに，進路指導の先生や保護者から「女の子なんだから文系」というような指導や助言が行われることがある。他方，男子学生が保育系や家政系の学部を希望したとすると「男の子なんだから…」と理工系や社会科学系の学部への進学を薦められたりするケースもある。これは，世間でよく言われる一般論の一例として「男子は論理的思考に優れ，女子は感情的な部分が豊かである」という考え方が背景にあり，「男子は数学が得意で女子は国語が得意」といったステレオタイプにつながっている。このような「当たり前」としてのメッセージが，発信され続けることで，子どもたちの進路決定の際の意識に影響を及ぼすことが考えられる。

　また，学校の組織内においても，校長や教頭といった管理職の多くは男性であり，女性が少ない構成となっている。また，理数系，社会科学系の教員には男性が多く，家庭科や文系科目の教員には女性が多いことが指摘されている（河野 2010）。これも，「組織のトップは男性」，「リーダーは男性」といった性別

表9.1 PISA2018における数学，理科スコアの男女差（男子平均−女子平均）

国　名	数　学	理　科	国　名	数　学	理　科
コロンビア	19.5	12.3	アイルランド	5.9	-1.5
コスタリカ	17.7	9.4	ルーマニア	5.2	-0.6
イタリア	15.5	3.2	トルコ	4.9	-7.4
オーストリア	13.3	2.3	カナダ	4.9	-3.1
UK	12.2	2.5	スロバキア	4.6	-5.6
ベルギー	12.1	4.8	韓国	4.0	4.0
メキシコ	11.8	9.4	デンマーク	3.9	-2.1
日本	10.1	2.8	チェコ	3.5	-1.6
ポルトガル	9.0	5.1	ポーランド	1.4	-0.3
ニュージーランド	8.9	1.7	オランダ	1.4	-8.2
ハンガリー	8.8	6.1	スロベニア	0.6	-9.7
クロアチア	8.6	-3.9	ギリシャ	0.3	-11.3
USA	8.6	0.7	スウェーデン	-1.2	-7.6
エストニア	8.5	-5.0	ブルガリア	-1.6	-15.2
ルクセンブルク	7.5	-4.6	リトアニア	-2.5	-6.1
チリ	7.5	3.5	フィンランド	-6.1	-23.9
スイス	7.1	-0.3	ノルウェー	-7.0	-10.7
ドイツ	7.1	-1.1	キプロス	-8.4	-21.2
ラトビア	6.8	-8.4	イスラエル	-9.2	-19.3
スペイン	6.4	2.4	アイスランド	-9.8	-8.5
フランス	6.4	-1.0	マルタ	-12.8	-21.0
オーストラリア	6.0	1.6	OECD 平均	5.0	-2.4

注：数学の平均値の男女差の大きい順に並べ替え
出典：OECD Family Database（http://www.oecd.org/els/family/database.htm）より筆者作成

役割や，理数系は男子が得意で，家庭科や文系は女子が得意といった，性別による特性意識をメッセージとして発信し，子どもたちの進路選択，すなわち教育の機会の平等を阻害している要因のひとつとして挙げることができる。

　実際，学校教育において，このようなメッセージが日常的に発信され続けていく中においては，進路選択に先だって理数系の学習意欲に男女差が現れており，学年が上がるにつれて，女子の算数・数学の学習意欲が男子よりも低くなっていくという現象がすでに小学校の段階で確認されている（伊佐・知念 2014）。学習意欲のみならず，表9.1 に示したように，2018年に行われたPISAにおける数学と理科のスコアの男女差を見てみると，日本においては，女子よりも男

子のほうが，数学では10.1ポイント，理科では2.8ポイント上回っており，実際の理数系科目の学力にも男女差があらわれていることが示されている。

このように，学校教育において，形式的に男女の教育の機会均等を実現していたとしても，ジェンダーによる日常的な処遇の違いによって，将来の進路選択の幅が限定されてしまう傾向があることがさまざまな研究成果から明らかになっている。

3. マイノリティにおける教育機会の現状

(1)「外国につながる子ども」における教育機会の現状

現在の日本の学校においては，外国籍の子どもたちの数は増加傾向にある。文部科学省によると，2019（令和元）年度における日本の国・公・私立学校における外国人の児童生徒数は96,370人である（文部科学省2021a）。現在の日本においては，こうした外国につながる子どもたちは，希望すれば日本の公立学校に入学し，教育を受けることができるとされている。その根拠としては，前述の日本国憲法第26条，教育基本法「義務教育」における国民の義務としての「その保護する子に…普通教育を受けさせる義務を負う」との一文に加え，「経済的，社会的及び文化的権利に関する国際規約（A規約）」の第13条，「児童の権利に関する条約」の第28条において「この規約の締約国は，教育についてのすべての者の権利を認める」とし，初等教育の無償と，中等教育の機会をすべての者に開くことが記されていることによる。

しかし，多くの場合，外国籍の子どもたちは日本語の使用が困難であるため，授業の内容がわからなかったり，教師やクラスメイトとのコミュニケーションが難しかったりするといった現状がある。文部科学省の2021年度「日本語指導が必要な児童生徒の受入れ状況等に関する調査（令和3年度）」によると，公立学校に在籍する外国人生徒の約4割が日本語指導を必要としている状況となっている（文部科学省2022）。とくに近年，増加傾向にあるのが両親，またはどちらかの親が外国人で日本語を子どもに教えられなかったり，または長期間海外生活をしたために十分に日本語が習得できなかったりした背景をもつ「日

本国籍で日本語指導が必要な児童・生徒」である。こうした児童生徒は，2004年では 3,137 人であったものが 2019 年には 10,436 人となっており，15 年間で 3 倍以上となっている（第 12 章参照）。

　文部科学省では，「外国人児童生徒等に対する日本語指導の充実のための教員配置」を進め，学級数等から算定されるいわゆる基礎定数とは別に，外国人児童生徒の日本語指導を行う教員を配置するための加配定数を措置している。また，日本語指導者等に対する研修の実施や多言語による就学ガイドブックの作成・配布などの支援を行い，外国につながる子どもたちに対する教育機会を担保しようとしている。

(2) 障がいのある子どもにおける教育機会の現状

　障がいのある子どもに対する教育の機会均等については，古くは「分離」することによって，「健常」な子どもたちとは分けて教育する考え方で担保していた。この「分離」による教育は，障がい者は健常者とは同等の能力を有していないため，別々に教育を受けるべきであるという健常者優位の考え方に立つものであった（岡田 2013：104）。その後，障がい者の権利についての意識が高まりを見せ，北欧を中心に障がい者と健常者とを「分離」するのではなく，社会生活をともにする「ノーマライゼーション」という考え方が広まっていった。

　1981 年の国際障害者年がきっかけとなり，日本の学校においても，これまでのような「分離」する教育ではなく，障がい者と健常者がともに学ぶ「統合（インテグレーション）教育」が行われるようになった。しかし，単なる「統合」では，個々の障がいの特性に応じた教育を行うことができず，教育機会の平等に反するという考え方から，「包括（インクルーシブ）」という考え方に移行していった。1994 年のユネスコ世界会議においては「万人のための教育」を謳った「サラマンカ宣言」が採択され，「特別なニーズ」を考慮した教育システムづくり，インクルーシブな方向性をもつ普通学級による教育を提唱した。

　日本においても，近年ではこれまでの「特殊教育」という枠組みから「特別なニーズ」といった考え方への転換がはかられており，身体や精神の障がいの

みならず，発達障害や学習障害等もカバーした「特別支援教育」が推進される
ようになってきている。障がいの有無にかかわらず，個々のニーズに沿った教
育を行うことによって，教育の機会均等を担保することができるのかについて
は，今後も検討し続ける必要があるものと思われる（139ページのコラム参照）。

第3節 │ 教育の機会均等と経済的支援

1. 義務教育はどこまで無償なのか

　これまで，教育の機会均等を阻む要因について説明してきたが，経済的な困
難によって教育を十分に享受できない子どもたちも多く存在する。広く知られ
ているとおり，教育機会を平等に開くという観点から，日本において義務教育
は「無償」とされている。「無償」というと，小学校，中学校に通うのにお金は
かからないと思われがちであるが，よく考えてみると，文房具，通学にかかる
交通費，体育着，給食費等々，個々の家庭が負担している部分は多くあること
に気づくのではないだろうか。

　実は義務教育の無償の範囲は，① 公立小・中学校の授業料無徴収，② 小・中
学校の教科書無償配布，③ 教職員の給与，④ 学校建築等維持費の4点となって
いる。そのため，それ以外の子どもの教育にかかる費用はすべて家庭から支出
する必要がある。

　それでは，無償の範囲外で小・中学校に通う際に必要となる費用はどのくらい
なのだろうか。表9.2に2018（平成30）年度に文部科学省が行った「子供の学習
費調査」の結果を示したので見てほしい。この調査結果によると，公立の小・中
学校においては，義務教育無償の範囲である「授業料」はかからないが，修学旅
行や遠足の費用，学級費やPTA会費等の学校納付金，学用品，教科外活動費，
制服やカバンなどの通学関係費など，学校に通って教育を受けるために必要最
低限の費用だけでも公立小学校で年間6万円以上，公立中学校で13万円以上か
かっている。

　さらに学校給食費や学校外活動費（通塾，習い事，家庭学習費など）を加えると，

表9.2　1年間で子どもにかかる学習費　　　　　　　　（単位：円）

費　用		小学校		中学校		高等学校（全日制）	
		公　立	私　立	公　立	私　立	公　立	私　立
学校教育費		63,102	904,164	138,961	1,071,438	280,487	719,051
（内訳）	授業料	0	485,337	0	428,574	25,378	230,026
	修学旅行・遠足・見学費	6,951	44,816	26,217	82,578	35,579	53,999
	学校納付金等	12,235	231,425	16,758	305,130	55,360	215,999
	図書・学用品・実習材料費等	19,673	32,055	25,413	50,198	41,258	42,675
	教科外活動費	2,041	10,507	29,308	55,796	40,427	56,224
	通学関係費	18,032	90,749	37,666	140,765	79,432	114,043
	その他	4,170	9,275	3,599	8,397	3,053	6,085
学校給食費		43,728	47,638	42,945	3,731	—	—
学校外活動費		214,451	646,889	306,491	331,264	176,893	250,860
合　計		321,281	1,598,691	488,397	1,406,433	457,380	969,911

注1：「学校納付金等」とは，入学金，検定料，私立学校における施設整備資金，学級費，PTA会費等
　　2：「図書・学用品・実習材料費」とは，授業のために購入した図書，文房具類，体育用品及び実験・
　　　　実習のための材料等の購入費
　　3：「教科外活動費」とは，クラブ活動，学芸会・運動会・芸術鑑賞会，臨海・林間学校等のために
　　　　家計が支出した経費
　　4：「通学関係費」とは，通学のための交通費，制服及びランドセル等の通学用品の購入費計
　　5：「学校外活動費」とは，補助学習費及びその他の学校外活動費の合計
出典：文部科学省「平成30年度　子供の学習費調査」より筆者作成

公立小学校で年間32万円以上，公立中学校で48万円以上，必要となっている。
ここから，義務教育無償の範囲には限りがあるため，義務教育であり，公立で
ある小学校，中学校においても，相当額が家計から支払われていることがわか
る。このことに鑑みると，世帯収入が少ない家庭においては，たとえ公立に子ど
もを通わせていたとしても，収入における教育費が占める割合はかなり高くな
るものと考えられる。そうなると，参考書の購入や通塾といった学習費の一部
を削ったり，進路選択の際に進学を選択しなかったりするといったことにもつ
ながっていく。すなわち，たとえ教育の機会均等のために義務教育を無償とし
ていたとしても，現状の無償の範囲が限られているため，結果として家庭の経
済状況によって教育機会が制限されるといったことが起こってくるのである。
　日本においてはGDP（国内総生産）に占める小学校から高等学校までに相当
する教育機関への公的支出の割合は，2019年度で2.4%となっており，OECD

平均の 3.2％を下回っている（文部科学省 2021b）。これは OECD 加盟国の中で
も低い水準となっており，教育の機会均等の実現のためには，教育に対する国
家予算の見直しも必要と考えられる。

2.　教育機会の保障のための経済的支援

　学校教育法第 19 条において「経済的理由によって，就学困難と認められる学
齢児童生徒の保護者に対しては，市町村は，必要な援助を与えなければならな
い」とされており，各市町村においては義務教育段階の子どもをもつ家庭に対
して就学援助を行っている。就学援助は，生活保護法第 6 条第 2 項に規定する
要保護者に対して行われており，2018（平成 30）年度においては約 14 万人が受
給対象となっている（文部科学省 2020）。市町村によっては，生活保護に準ずる
程度に困窮している世帯＝準保護世帯に対しても就学援助を行っており，その
基準は各都道府県によって決められている。

　国は，市町村の行う援助のうち，要保護者への援助に対し，義務教育の円滑
な実施に資することを目的として「就学困難な児童及び生徒に係る就学奨励に
ついての国の援助に関する法律」，「学校給食法」，「学校保健安全法」等に基づ
いて必要な援助を行っている。

　補助の対象となる範囲としては，学用品費，体育実技用具費，新入学児童生
徒学用品費等，通学用品費，通学費，修学旅行費，校外活動費，医療費，学校
給食費，クラブ活動費，生徒会費，PTA 会費などとなっている。

　就学援助を受ける子どもの割合は増加傾向にある。図 9.1 に示したように，
1995 年で 6.10％であったものが，ピークとなった 2011 年には 15.64％にまで
増加した。それ以降は微減傾向ではあるが，依然として 15％前後となってい
る。この背景として，鳫咲子は，保護者のリストラなどの「就業環境の変化」
と両親の離婚などによる「ひとり親家庭の増加」が二大要因であると指摘して
いる（鳫 2013：37）。一方で，就学援助の存在を知らずにいる経済的困難な家庭
の子どもも存在している。苦しい家計の世帯が増加するなか，経済的困難によ
る教育機会の不平等を生まないためにも，就学援助の周知方法を見直して，広

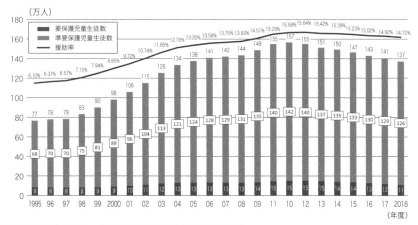

（万人）

※要保護児童生徒数：生活保護法に規定する要保護者の数
※準要保護児童生徒数：要保護児童生徒に準ずるものとして，市町村教育委員会がそれぞれの基準に
　基づき認定した者の数

図9.1　要保護児童生徒数と就学援助の受給率の推移

出典：文部科学省（2020）より作成

く情報提供がなされることが望まれる。

　なお，高等学校に通う生徒に対しては，国が授業料に充てるための就学支援金を支給することにより，高等学校等における教育に係る経済的負担の軽減を図り，教育の実質的な機会均等を実現することを目的とした高等学校等就学支援金制度が設けられており，2014年度入学生から支給の対象となっている。

おわりに

　教育はすべての人に対して平等に開かれている「機会均等」の理念をもった営みである。こうした教育の機会均等を実現するためには，教育を受けることや現状の学校教育の在り方を「当たり前」とはせずに，まずは機会の平等を阻害する要因と，なぜこうした不平等が起こるのかといった原因について，一人ひとりが考える機会をもつことが重要である。

　また，教育の機会のみならず，教育終了後の社会への入り口における機会の平等にも，理念の範囲を広げて考える必要があるだろう。教育の内部のみでの

平等を目指すだけでは，既存の社会構造がはらむ問題点や人々の意識は変わらないままになってしまう。改めて教育の機会均等の意味を問い直すとともに，教育のみならず，社会全体での機会の均等について考える必要があるのではないだろうか。

［谷田川ルミ］

参考資料
【教育基本法】(2006年改正の現行版) ※抜粋

> （教育の機会均等）
> **第4条** すべて国民は，ひとしく，その能力に応じた教育を受ける機会を与えられなければならず，人種，信条，性別，社会的身分，経済的地位又は門地によって，教育上差別されない。
> 2 国及び地方公共団体は，障害のある者が，その障害の状態に応じ，十分な教育を受けられるよう，教育上必要な支援を講じなければならない。
> 3 国及び地方公共団体は，能力があるにもかかわらず，経済的理由によって修学が困難な者に対して，奨学の措置を講じなければならない。

●発展課題●
① 教育の場における「平等」とはどのような状態のことを指すのだろうか。考えてみよう。
② もし「お金がなくて修学旅行費が払えないので，うちの子は修学旅行に行かせなくて結構です」と保護者が申し出てきた場合，あなたが学級担任であったならどのように対処するだろうか。教育機会の平等という観点から考えてみよう。
③ 高等学校，専門学校，大学などにおける経済的支援の制度にはどのようなものがあるだろうか。調べてみよう。

お薦め図書

小林雅之 (2008)『進学格差—深刻化する教育費負担』筑摩書房
　本章では，主に義務教育段階の教育の機会均等について扱ったため，高校卒業後の進学における機会の平等について扱うことができなかったが，この本においては，大学進学の際に起こっている「進学格差」と奨学金問題に鋭くメスを入れている。内容もデータを用いながらわかりやすく説明されている。新書で手に取りやすいので，ぜひ読んでみてほしい。

引用・参考文献

伊佐夏実・知念渉（2014）「理系科目における学力と意欲のジェンダー差」『日本労働研究雑誌』No.648, pp.84-93.

岡田昭人（2013）『教育の機会均等』学文社.

河野銀子（2010）「ジェンダーと学校教育」武内清編『子どもと学校』学文社.

鳰咲子（2013）『子どもの貧困と教育機会の不平等―就学援助・学校給食・母子家庭をめぐって』明石書店.

小林雅之（2008）『進学格差―深刻化する教育費負担』筑摩書房.

坂野慎二・福本みちよ編著（2012）『学校教育制度概論』玉川大学出版部.

ヘックマン, J. J. 著, 大竹文雄解説, 古草秀子訳（2015）『幼児教育の経済学』東洋経済新報社.

文部科学省（2020）「就学援助実施状況等調査結果」https://www.mext.go.jp/content/20200327-mxt_shuugaku-100001991_2.pdf（2022年4月23日閲覧）

文部科学省（2021a）「外国人児童生徒等教育の現状と課題」https://www.mext.go.jp/content/20210526-mxt_kyokoku-000015284_03.pdf（2022年4月24日閲覧）

文部科学省（2021b）「図表でみる教育（Education at a Glance）OECDインディケータ」http://www.mext.go.jp/b_menu/toukei/002/index01.htm（2022年4月23日閲覧）

文部科学省（2022）「日本語指導が必要な児童生徒の受入状況等に関する調査結果の概要（速報）」https://www.mext.go.jp/content/20220324-mxt_kyokoku-000021406_02.pdf（2022年4月24日閲覧）

文部科学省「就学援助制度について（就学援助ポータルサイト）」http://www.mext.go.jp/a_menu/shotou/career/05010502/017.htm（2022年4月23日閲覧）

特別支援教育

　子どもの権利条約第23条では，「締約国は，精神的又は身体的な障害を有す
る児童が，その尊厳を確保し，自立を促進し及び社会への積極的な参加を容易に
する条件の下で十分かつ相応な生活を享受すべきであることを認め」（第1項），
発達・教育・雇用等の分野で「障害のある子どもの特別な必要（筆者注：ニーズ）」
に応じた特別な援助（支援）を提供することが求められている。

　日本では，2006年の学校教育法改正により，「特殊教育」が「特別支援教育」
と改められた。これにより，特別支援学校だけでなく幼稚園・小学校・中学校・
高等学校等で，身体障がい・知的障がいだけでなく発達障がい・情緒障がい等も
含む特別なニーズを有する子どもを対象に「障害による学習上又は生活上の困
難を克服するための教育」（同法第81条）が行われることになった。

　就学制度も大きく変化した。1949年の学校教育法施行以来，障がい児は，原
則としてその障がいに応じた学校に就学することとされていたが，2002年に
「特別の事情」があると認められた障がい児が地域の小・中学校に就学できる
「認定就学制度」に改められた。しかし「認定就学制度」は「インクルーシブ教
育」（障がいの有無にかかわらず，合理的配慮のもと，同じ場所でともに学ぶことが
できる教育）の観点から問題があると指摘されたため，2013年，すべての子ども
は小学校・中学校・義務教育学校への就学を原則とし，本人や保護者と学校・教
育委員会の合意により特別支援学校への就学を認める「認定特別支援学校就学
制度」に改められた。

　現在，学校教育現場では，特別支援教育の条件整備が進められつつある。特
別支援学校のセンター機能（小・中学校等在籍の特別なニーズを有する子どもの教
育についての助言・援助）の充実のために，また小・中学校で通常学級に在籍す
る子どもの教育への対応のために，教職員の加配措置が講じられている。また，
学校における日常生活動作の介助や学習活動のサポートを行う「特別支援教育
支援員」の配置が進められている。特別支援学校だけでなく，すべての学校で，
特別なニーズを有する子どもの実態を的確に把握し支援を行うことができる教
員が求められていることを背景に，2019年度からの新教職課程では，教諭，養
護教諭，栄養教諭のすべての免許状取得のために，「特別支援教育」に関する科
目が必修となった。

　一方，日本の特別支援教育には課題も多い。その一つは，特別なニーズを有す
る子どもの発見に重点が置かれやすいことである。子どもの尊重という視点に
欠ける「ニーズの発見」は，単なるラベリングや教育活動からの排除をもたらす
懸念がある。

また，ジェンダーの視点からは，女の子の特別なニーズの不可視性が指摘されている。おとなしい振る舞いを期待される女の子は，特別なニーズを発見されにくい。学校で必要な支援を受けられないまま過ごした彼女たちの中には，卒業後に特別なニーズが顕在化し，社会での生きづらさを感じる者や，情緒不安定・反抗的行動等の二次障害に至る者もいるとされる。したがって，これからの教師には，ラベリングのためにではなく，適切な支援のために子どものニーズを把握する視点と，性別等子どもの社会的属性によらず支援を必要とする子どもの状況を的確に把握できるよう，たゆまぬ研究と実践が求められる。

　ともあれ，「特別支援教育」の導入は，長年にわたり画一性・同質性が特徴であった日本の学校教育のあり方に変革をもたらす可能性を有している。一人ひとりの違いを認め，ありのままを受容し，包摂する。そして，一人ひとりに秘められた力を引き出していく。そのような学校をつくることは，特別なニーズを有する子どもだけでなく，外国につながる子ども，女の子，性的マイノリティ，そのほかの多様な子どもたちの教育権を保障することにつながるだろう。多様性を尊重できる学校文化，生徒文化（子ども文化），教員文化が構築されれば，ひいては日本社会にダイバーシティを尊重する文化が定着していくだろう。

（藤田由美子）

第10章

子どもの貧困と教育

┌─ キーワード ─────────────────────────
│
│ 絶対的貧困と相対的貧困，再生産，「山びこ学校」，教育の
│ 支援
│
└──────────────────────────────────

はじめに

　2016年8月，テレビのニュース番組で，神奈川県主催のイベントで経済的理由で専門学校への進学ができないと語った高校生の女性が取り上げられた。その後，Twitterの履歴から，彼女が好きなアーティストのライブに行ったことやランチを食べていたことが暴かれ，彼女は個人攻撃を受けた。

　はたしてこの女性は貧困状態にないのか。議論において，主に二つの意見が出された。一方は，家計が苦しいといいつつライブやランチ等贅沢をしているので，彼女は貧困ではない，という意見である。他方は，趣味に使えるお金はあってもまとまった進学費用が準備できないため，彼女は「相対的貧困」の状態にある，という意見である (湯浅 2017：17-39)。

　それでは，生活保護世帯の子どもの進学はどうであるか。2018年4月3日付『毎日新聞』に，ひとり親家庭に育ち生活保護を受給する等社会的に不利な状況で生活してきた女性が，苦労の末に大学進学を果たしてもなお経済的な不安の中にあるという事例が紹介されていた。この記事では，生活保護を受けながら大学で学ぶことが原則として認められていないこと，生活保護世帯の子どもが大学に進学する場合には世帯分離が必要であることも紹介されていた。

　ふたつの事例は，貧困家庭に育つ子どもが大学や専門学校に進学するためには大きな壁があることを示唆している。その大きな壁とは，「貧困」である。一方，上記の事例，とくに前者からは，貧困と教育をめぐってさまざまな考え方があることがうかがえる。

そこで，本章では，子どもの貧困と教育について次のことを考えたい。第一に，貧困とは何か，明らかにする。第二に，「子どもの貧困」の現状を，さまざまな調査結果より明らかにする。第三に，日本の教育は「子どもの貧困」にどのように向き合ってきたのか，明らかにしたうえで，子どもの貧困問題に対し教育は何ができるのかについて，考えることにしよう。

第1節 ｜ 貧困とは何か

1. 貧困の概念

　貧困とは何か。辞典類をひもとくと，「貧しくて生活に困っていること。また，そのさま。」（小学館『デジタル大辞泉』）と定義されている。

　はたして，「貧しい」とは具体的にはどのような状態であるのか。お金がない状態なのか。それとも食べるものがないことなのか。それでは，食べるものを確保できさえすれば，その人は「貧しく」ないのだろうか。たとえば，経済的理由により高校教育を受けることができない場合でも，食べるのに困らなければ「貧しい」とみなされないのだろうか。

　少し長くなるが，下記の一節を読んでみよう。

　　貧困について，歴史や文化から離れた単一の概念は存在しない。貧困は個々具体的な社会の構築物である。さらにいえば，同じ一つの社会でも，集団が違えばまた違った貧困が構築される。しかもその道徳的義務と含意のゆえに，社会内および社会間での資源分配が求められることから，貧困は政治的概念となる。だからこそ，貧困は非常に論争的なことがらである。

（リスター 2011：16）

　リスターによれば，貧困がどのようにとらえられ，定義されるかは，その社会の歴史や文化，社会経済的構造，社会集団間の力関係や資源配分等に依存しているという。つまり，どのような状態が「貧しい」とみなされるかは，その社

会の歴史，文化，経済状態，社会集団間の力関係によって資源配分がどのように行われているのか等，さまざまな要因によって左右されるのである。

2. 絶対的貧困と相対的貧困

貧困問題について理解するためには，絶対的貧困と相対的貧困の二つのことばについて理解しておく必要があるだろう。

絶対的貧困とは，「人間として最低限の生活をも営むことができない状態，つまりベーシック・ヒューマン・ニーズが達成されていない貧困状態」（『ブリタニカ国際大百科事典』）である。つまり，人間の生存に必要な衣食住のいずれかあるいはすべてが満たされていない状態を指す。

これに対し，相対的貧困とは，「ある国の平均的な生活水準と比較して，所得が著しく低い状態」（『デジタル大辞泉』）である。たとえば，教育にまとまったお金を出すことができない家庭は「相対的貧困」の状態にある，と考えられる。

日本国憲法第25条には，社会権のひとつである生存権について，「すべて国民は，健康で文化的な最低限度の生活を営む権利を有する。2 国は，すべての生活部面について，社会福祉，社会保障及び公衆衛生の向上及び増進に努めなければならない。」と規定している。はたして，「絶対的貧困」の状態でなくなれば，憲法第25条の生存権は保障されるのだろうか。答えは，否である。

条文中の「健康で文化的な」生活は，最低限の衣食住を保障するだけでは実現できない。人並みに教育を受けることができる権利，つまり憲法第25条の「文化的な」生活を営む権利が保障されていないことのあらわれと考えられる。

教育における「子どもの貧困」問題を考えるために，まず「相対的貧困」に注目してみよう。なぜならば，本章の冒頭で取り上げたように，生活保護を受けている家庭の子どもの大学進学に障壁があることは，私たちの社会の内部に「当たり前」の教育を受けられる人と受けにくい人がいることのあらわれであるからである。また，専門学校に進学する費用がなく進学を諦める子どもへのバッシングについては「相対的貧困」の問題への視点が欠落している可能性が指摘されているからである。

第2節 ┃ 日本における「子どもの貧困」

1.「子どもの貧困」の問題化

　2011年，厚生労働省が3年に一度実施する「国民生活基礎調査」の結果，2009年度の「子どもの貧困率」が15.7％であると公表され，衝撃をもって受け止められた。2012年度にはこの数値が16.3％に上昇したこともあり，現在，子どもの貧困は，社会問題として強く認識されている。この問題にかかる国の施策については次節で解説を行うとして，まず，図10.1をみてみよう。

　図10.1に示すように，日本における17歳以下の子どもの貧困率は，OECD加盟国37か国中24位である（OECD Income Distribution Database，2022年4月26日現在）。上記の問題は，2010年6月の国連子どもの権利委員会第3回委員会報告でも指摘されている（第7章参照）。つまり，日本社会における子どもの貧困は，国際的にも認識されている問題である。

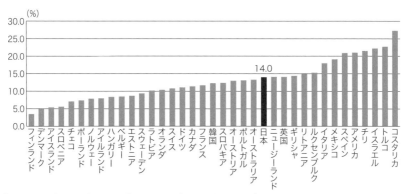

注：ニュージーランドは2014年，チリ，アイスランドは2017年，オーストラリア，デンマーク，フィンランド，ドイツ，アイルランド，イスラエル，イタリア，日本，韓国，メキシコ，ポーランド，スイス，トルコは2018年，コスタリカは2020年，その他の国は2019年のデータ。

図10.1　子どもの貧困率（17歳以下）の国際比較

出典：OECD Income Distribution Database より筆者作成

2.「子どもの貧困」の現状

　「国民生活基礎調査」の最新版，2018（平成30）年調査結果（2019年公表）より，

貧困の状況をみてみよう。図10.2は，調査報告に掲載されている貧困率の年次推移である。図中の「相対的貧困率」とは，貧困線（等価可処分所得の中央値の半分の額。2018年度は127万円，OECDの新所得定義による新基準では124万円）に満たない世帯員の割合である。そして「子どもの貧困率」とは，17歳以下の子ども全体に占める貧困線に満たない17歳以下の子どもの割合である。つまり，それは「子どもの『相対的貧困率』」を指している。

　この図より，2018年の「相対的貧困率」は15.4%（前回2015年15.6%），「子どもの貧困率」は13.5%（前回13.9%）であることがわかる。この値は，子ども

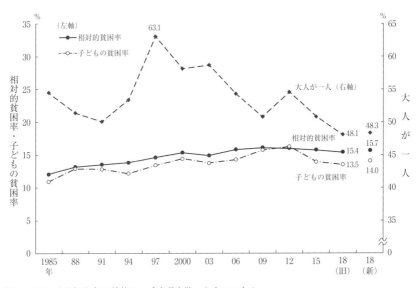

注1：　1994（平成6）年の数値は，兵庫県を除いたものである。
　2：　2015（平成27）年の数値は，熊本県を除いたものである。
　3：　2018（平成30）年の「新基準」は，2015年に改定されたOECDの所得定義の新たな基準で，従来の可処分所得から更に「自動車税・軽自動車税・自動車重量税」，「企業年金の掛金」及び「仕送り額」を差し引いたものである。
　4：　貧困率は，OECDの作成基準に基づいて算出している。
　5：　大人とは18歳以上の者，子どもとは17歳以下の者をいい，現役世帯とは世帯主が18歳以上65歳未満の世帯をいう。
　6：　等価可処分所得金額不詳の世帯員は除く。

図10.2　貧困率の年次推移

出典：厚生労働省（2019）より引用

の貧困が社会問題としてクローズアップされた2008年以降ではもっとも低い。ただし，新基準では，「相対的貧困率」は15.7%，「子どもの貧困率」は14.0%となる。いずれにせよ，子ども約7人にひとり，つまり1学級（定数40人）あたり5～6人の子どもが「相対的貧困」世帯に生活しているのである。そのように考えると，相当な人数の子どもが，貧困のなかで生活しているのである。

　ひとり親家庭の子どもの貧困は，さらに深刻である。「大人が一人」の貧困率（「現役世帯」（世帯主が18歳以上65歳未満）のうち「大人が一人と17歳以下の子どものいる世帯」に属する世帯員の中で，貧困線に満たない当該世帯の世帯員の割合）は，新基準で48.3%である。つまり，ひとり親家庭の2人にひとりが相対的貧困の状態にある。全世帯の貧困率や子どもの貧困率と比較すると，ひとり親家庭が経済的に厳しい状態にあることは，容易に推測できる。同調査で，母子世帯の86.7%が生活が「苦しい」と回答していることからも，ひとり親家庭の中でもとりわけ母子家庭が経済的困難の状況にあることが推測される。

　子どもの貧困における地域格差も指摘されている。戸室健作は，都道府県ごとの子どもの貧困率（厚生労働省の調査とは異なり，都道府県ごとの公的扶助の合計額である「最低生活費」以下の収入を得ている世帯に属する子どもの割合）を独自に算出し，関西以西（沖縄，大阪，鹿児島，福岡，宮崎等）と東北以北（北海道，青森，岩手，宮城）で子どもの貧困率が高いことを明らかにした（戸室2016）。

3. 「子どもの貧困」がもたらす教育格差

　「子どもの貧困」問題は，貧困家庭の子どもとその他の子どもとの間に，さまざまな教育格差をもたらす。

(1) 学力と学校外での学習時間

　まず，親の学歴や社会経済的地位によって，学力の格差があることが知られている。阿部彩は，PISA2008の得点を分析した結果，親の学歴（初等・前期中等教育，後期中等教育，高等教育の3段階）や親の社会経済階層（上，中の上，中の下，下の4段階）が高いほど，得点が高いことを示している（阿部2008）。

また，学校外での学習時間の格差が指摘されている。苅谷剛彦は，社会階層（上位，中位，下位の3段階）ごとに，1979年調査と1997年調査の結果を比較した結果，「下位」の子どもたちの学校外での学習時間が短いこと，さらに「下位」の子どもたちは，ほかの階層の子どもたちに比べ，1979年から1997年にかけて学校外での学習時間の減少が著しいことを明らかにした（苅谷2001）。

　近年も，同様の傾向が指摘されている。卯月由佳と末冨芳は，2013年度の「全国学力・学習状況調査」のデータを分析し，国語・算数・数学の学力と学校外学習時間に対し世帯所得が正の効果をもつこと，つまり世帯所得が多いほど学力が高く学校外学習時間が長いことを明らかにした。この結果については，塾や習い事の費用等学校外教育支出の差や教育費負担感が影響していることも明らかになっている（卯月・末冨2016）。

(2) 生活と健康―食生活に注目して

　貧困がもたらす格差は，学習活動だけではない。衣食住や文化的な生活等，生活のさまざまな側面においても深刻な格差をもたらす。ここでは，その一例として，食生活と健康における格差の問題について述べる。

　欧米で指摘されている低所得の子どもの栄養の偏りは，日本においても見られるという（阿部ほか2018）。まず，世帯収入が少ない子どもは，朝食を摂取しない割合やインスタント麺の摂取頻度が高い。また，経済的にゆとりがない家庭の乳幼児は，ゆとりがある家庭の乳幼児に比べ魚・大豆と大豆製品・野菜・果物の摂取頻度が低い一方で，菓子・インスタントラーメンやカップ麺の摂取頻度が高い。さらに，家計支出が低い家庭の子どもの肥満率が高い。

　貧困は，子どもの栄養の偏りによる子どもの肥満傾向等，健康への影響をもたらすだけでなく，豊かな食文化を享受する機会を失わせる。それは，ひいては，将来の健康リスクに繋がり，就学や就労，健康寿命等，「健康で文化的な」生活の機会が奪われる可能性もある。

(3)「教育の結果」における格差

　貧困は,「教育の結果」にも格差をもたらす。ここで,「教育の結果」をあらわす指標のひとつとして, 進学率に注目する。

　生活保護世帯の子どもの進学率については, 2015年度以降, 内閣府が「子供の貧困の状況と子供の貧困対策の実施状況」にまとめている。詳細なデータが掲載されている2018年度版より, 進学率と就職率の傾向をみてみよう。表10.1には, 生活保護世帯, ひとり親家庭, 児童養護施設入所児, 全世帯で比較した結果を示した。この表よりわかることは下記の通りである。

　第一に, 生活保護世帯, ひとり親家庭, 児童養護施設で生活する子どもの高校進学率は, 全世帯に比べ低い傾向にある。とくに, 生活保護世帯の子どもの全日制高校への進学率は, 全世帯の3分の2に過ぎないうえ, しかも, 高校中退率は全世帯の約4倍にのぼる。

　第二に, 生活保護世帯, ひとり親家庭, 児童養護施設で生活する子どもたちの大学等進学率は低い傾向にある。この傾向は, とりわけ大学・短大進学で顕著である。

　第三に, 生活保護世帯, ひとり親家庭, 児童養護施設で生活する子どもたちは, 全世帯に比べ, 中学校卒業後就職率と高校卒業後就職率が高い傾向にある。

表10.1　進学率と就職率の比較

(単位：%)

	生活保護世帯	ひとり親家庭	児童養護施設	全世帯
高等学校等進学率	93.7	96.3	95.8	99.0
うち全日制	67.2	–	–	91.2
高等学校等中退率	4.1	–	–	1.3
大学等進学率	32.9	58.5	30.8	72.9
うち大学・短大進学率	19.2	41.9	16.1	52.0
うち専修学校等進学率	13.7	16.7	14.8	20.9
中学校卒業後就職率	1.5	1.7	2.4	0.2
高等学校卒業後就職率	46.6	24.8	62.5	18.2

注：生活保護世帯, 児童養護施設入所児, 全世帯については2020年度, ひとり親家庭については2016
　　年度のデータである。
出典：内閣府「平成30年度　子供の貧困の状況と子供の貧困対策の実施状況」より筆者作成

(4) 貧困の再生産

　上述のように，貧困状態にある子どもは，より高いレベルの教育へのアクセスがしにくい状況にあることがうかがえる。高い学歴を獲得する機会が制約されることにより，中学校・高等学校卒業後に就労を選択する子どもの割合が相対的に高くなる。中卒・高卒で就職すると，職業選択にも制約が生じる可能性がある。結局，貧困による経済格差は教育の格差をもたらし，ひいては次世代における経済格差をもたらす可能性がある。

第3節 ｜ 社会問題としての「子どもの貧困」

1. 貧困の社会的影響

　近年，子どもの貧困は，世界的に社会の危機として認識されている。国連開発計画 (UNDP) は，「17の持続可能な開発目標 (Sustainable Development Goals：SDGs)」の筆頭に「目標1：貧困をなくそう」を掲げている。開発途上国における食糧危機だけでなく，先進諸国も含む，資源へのアクセスにおける女性の不利等，あらゆる場所におけるあらゆる形態の貧困をなくすことを目標としている (国連開発計画駐日代表事務所 2018)。

　日本国内では，ジェームズ・ヘックマンの著書『幼児教育の経済学』(訳書2015年，原書2013年) が，日本国内でベストセラーとなった。ノーベル経済学賞を受賞した彼の著書は，質の高い幼児教育を受けることが長期的には社会によい影響をもたらす，という知見を提示するものであった。

　ヘックマンは，先行研究より，子ども時代に虐待を受けたり十分なケアを受けられなかった (逆境的小児体験 (ACE)) 場合，「成人してからの病気や医療費の多さ，うつ病や自殺の増加，アルコールや麻薬の乱用，労働能力や社会的機能の貧しさ，能力的な障がい，次世代の能力的結果等と相関的関係」(ヘックマン 2015：24-25) があることを示した。そのうえで，ペリー就学前プロジェクト (1960 年代，米・ミシガン州で低所得層の3歳児に2年間「質の高い幼児教育プログラム」を実施。40 歳までの追跡調査で，対照群に比べ発達・学歴・年収などが高いこ

とが明らかになった。）等から「恵まれない子どもに対する就学前教育への投資」が社会政策として有効であると論じた。なおこの書で示された知見は，OECDのStarting Strong IV：Monitoring Quality in Early Childhood Education and Care（2015）とともに，近年の日本の幼児教育施策に一定の影響を与えた。

　2016年，日本財団は，子どもの貧困の社会的損失について推計を行った。貧困世帯の子どもの進学率と中退率が現状のままのケース（現状放置シナリオ）と高校進学率・高校中退率が非貧困世帯並みになり大学等進学率が22％上昇するケース（改善シナリオ）のそれぞれについて，2015年現在15歳の子どもが64歳までの生涯にわたる所得金額・所得税額・社会保険料額（政府の収入），社会保障（政府の支出）を計算し，その社会全体での合計額を算出した。推計の結果，子どもの貧困を放置した場合，①大卒は半減し中卒は4倍増になる，②非正社員や無業者が1割増加する，③一人当たりの生涯所得が1,600万円減少する，④一人当たりの財政収入が600万円減少する，⑤所得は40兆円超，財政収入は16兆円失われる，という（日本財団2016：41-85）。貧困の放置は，大きな社会的損失をもたらす可能性がある。

2.　「子どもの貧困」をジェンダーの視点から考える

　「子どもの貧困」の問題は，国家や社会的な課題であるばかりではなく，「子どもの最善の利益」にかかわる重要課題である。このことに異論はないだろう。ただし，ジェンダーの視点からみると，別の問題が浮かび上がる。阿部は，ジェンダーの視点から「子どもの貧困」をめぐる議論に潜む問題を整理している（松本編2017：57-75）。

　第一の問題は，「相対的貧困率」は世帯内成員間で所得の分配が均等であることを仮定していることから，実際の貧困率を反映しているとは限らないことである。阿部によれば，たとえば夫と妻・男児と女児等世帯員の性別によって消費支出や栄養消費が異なる，女性は子どもと家族のために支出する割合が大きく自分のための支出割合が小さい等，世帯内で所得分配の（ジェンダー）格差が存在していることが，これまでの研究で明らかにされてきたという。

第二の問題は,「子どもの貧困」イコール「母子世帯の貧困」ととらえることの問題点である。阿部は,相対的貧困状況にある子どもの約7割が父親がいる世帯に属していること,勤労年齢の貧困女性の過半数は子どもと同居していないことから,「子どもの貧困」と「女性の貧困」を区別して議論することが必要だと論じている。

　上記以外にも,ジェンダーの問題を指摘できる。たとえば,健康や食生活の格差を論じる際に,「ケア」の主体としての「女性＝母親」が自明視されていないだろうか。また,貧困家庭における大学等進学率(表10.1)においてジェンダー格差は存在するだろうか(本章冒頭で紹介した記事は,どちらも女性の事例である)。そして,「子どもの貧困」が「女性の貧困」と同一視される結果,貧困問題に内在するジェンダー問題が見えなくなる可能性があることに注意すべきである。

第4節 ｜ 「子どもの貧困」に向き合う教育

1. 歴史に学ぶ

　ここまで,「子どもの貧困」について,日本社会における課題として認識されてきたこと,それが世代間で再生産される可能性があり,ひいては社会の危機をもたらすと考えられていることを示してきた。本節では,日本の教育はこの問題にどのように取り組んできたのか,歴史をひもとき,現状を明らかにする。

(1) 近代における貧困と教育

　近代公教育制度の導入以降,就学率向上は重要な課題であった。就学率の推移からは,日本社会の産業構造の変化と連動するかたちで,教育の有意性の変化があったことが推測できる。

　1920年代以降の飢饉や経済恐慌による貧困は,農村部を中心に,学校における欠食児童の問題,児童労働,人身売買といった,子どもの人権を脅かす状況をもたらした。このような状況にあって,たとえば生活綴方教育運動や郷土教育運動等,子どもたちが生活する村の貧困について考えることを目指す教育実

践が行われた（第4章参照）。

(2) 戦後の生活綴方教育実践 ―『山びこ学校』を中心に

　第二次世界大戦後，日本社会は深刻な物資・食糧不足にみまわれた。農村では，親を失った多くの子どもが働き手となり学校に通うこともままならない状況に置かれた。都市部の子どもの中にも，空襲等によって家や家族を失い孤児となった者もいた（第11章参照）。

　そのような時代にあって，社会をみつめる教育実践が行われた。無着成恭<ruby>無着成恭<rt>むちゃくせいきょう</rt></ruby>や峰地光重<ruby>峰地光重<rt>みねじみつしげ</rt></ruby>らによる生活綴方の実践は，その一例である。ここでは，無着成恭の実践を『山びこ学校』に基づき紹介しよう。

　『山びこ学校』は，1951年，山形県山元村（現・上山市）の山元中学校の教師であった無着がまとめた，中学生の作文集である。無着の教え子たちは，自らの生活について作文や日記を綴り，詩や版画で表現した。子どもたちの作品からは，母親の死や教科書代の支払いを通して自らの生活費や家計について考える子ども，家計のために学校を休んで働く子ども，夜遅くまで働く家族の様子がうかがえる。また，子どもたちは，学級の中で雑誌の廃刊や新興宗教について考える。『山びこ学校』は，戦後新教育における経験主義的教育の実践例という歴史的意義とともに，貧困問題に向き合い主体的に考える力を培おうとする教育実践の例としての現代的価値も有していると考えられる。

(3) 貧困地域における就学率向上への取り組み

　貧困地域においては，教育環境を充実させるための取り組みがみられた。たとえば，1962年に不就学児の問題が深刻であった大阪のあいりん地区に「あいりん小中学校」が設立され，就学相談等のケースワークを通して就学率向上への取り組みが行われたという事例がある。あいりん小中学校の設立から新校舎建設までの経緯については，当時ケースワーカーを務めた小柳伸顕による記録が刊行されている（小柳 1978）。

2. 現代における「子どもの貧困」への取り組み

(1)「子どもの貧困対策の推進に関する法律」

　2013年,「子どもの貧困対策の推進に関する法律」が制定・施行された。同法の目的は「子どもの将来がその生まれ育った環境によって左右されることのないよう, 貧困の状況にある子どもが健やかに育成される環境を整備するとともに, 教育の機会均等を図るため, 子どもの貧困対策に関し, 基本理念を定め, 国等の責務を明らかにし, 及び子どもの貧困対策の基本となる事項を定めることにより, 子どもの貧困対策を総合的に推進すること」(第1条) である。同法では, 国・地方公共団体・国民の責務, 国による子どもの貧困の状況と対策実施状況の報告義務, 国による子どもの貧困対策大綱および都道府県による子どもの貧困対策計画の策定, 子どもの貧困対策会議の設置が定められるとともに, 子どもの貧困対策として, 教育の支援, 生活の支援, 保護者の就労支援, 経済的支援, 調査研究が掲げられている。

(2)「子供の貧困対策に関する大綱」における「教育の支援」

　2014年8月に閣議決定された「子供の貧困対策に関する大綱—全ての子供たちが夢と希望を持って成長していける社会の実現を目指して」では, 子どもの貧困対策に関する基本的な方針として,「1. 貧困の世代間連鎖の解消と積極的な人材育成を目指す。」をはじめ10項目が掲げられている。教育に関しては, 第5項目において「教育の支援」が掲げられ,「『学校』を子供の貧困対策のプラットホームと位置づけて総合的に対策を推進するとともに, 教育費負担の軽減を図る」としている。つまり, 本大綱では, 学校を, 貧困家庭の子どもに対する支援の場として明確に位置づけているのである。具体的には, 学力保障, 学校を窓口とした福祉関連機関との連携, 経済的支援を通じて子どもを福祉的支援につなげること等が, 学校に期待されている。

　各都道府県・市町村でも子どもの貧困対策推進計画が策定されている。筆者が福岡県・福岡市・北九州市・広島市による上記計画を確認したところ,「教育の支援」に関しては, 概ね以下の項目が掲げられている。①幼児教育・保育の

無償化および質の向上，②スクールカウンセラー（SC）やスクールソーシャル
ワーカー（SSW）との連携・協働，③学習支援および相談，④就学・学資支援
（就学援助や無償化・減免等），⑤地域の居場所づくり，⑥卒業後支援，等。

3. 間接的支援としての「子どもの居場所づくり」

　本章の最後に，貧困状況にある子どもに対する支援のあり方として，「『子ど
もの居場所』づくり」を取り上げよう。

　貧困家庭の子どもに対する支援は多様である。実施主体の面からは，「行政主
体」と「民間主体」に分類され，対象者の面からは，貧困世帯の子どもを対象
とする「選別的アプローチ」とすべての子どもを対象とする「包括的アプロー
チ」に分類される（日本老年学的評価研究機構　2019）。「包括的アプローチ」は
「選別的アプローチ」に比べると貧困家庭の子どもに対するスティグマ（烙印）
づけが生じにくいという利点があるとされる。

　「『子どもの居場所』づくり」活動は，すべての子どもが安心して過ごせる，健
やかな心と体を育むことができる場所を提供することをねらいとしている。具
体的には，かつて「学童保育」と呼ばれてきた放課後児童クラブ，民間の活動
（例：日本財団「子ども第三の居場所」），「子ども食堂」等が挙げられる。本項で
は，「子ども食堂」の勃興・普及およびその変容について述べる。

　子ども食堂は，「子どもの貧困」の社会問題化を背景に，貧困家庭の子どもの
食支援を目的として2012年頃に始まったといわれる。その数は毎年増加しつづ
けており，全国子ども食堂支援センター「むすびえ」によると，その数は，2021
年12月現在6,007箇所にのぼるとされる。

　急速な普及に伴い，当初は貧困家庭の子どもを対象としていた子ども食堂の
性格も変容を遂げつつある。近年では，所得による食格差の是正にとどまらず，
世代間交流の場や地域のつながりの場として位置づけられつつある。

　ただし，子ども食堂の小学校区単位での充足率は全国平均で22%に過ぎず，し
かも都道府県間の差が大きいとされる。どこに住んでいても，子どもが食を通じ
て地域と繋がることができる場にアクセスできるよう環境整備が望まれる。

おわりに

　「子どもの貧困」は，社会経済的背景が複雑に重なり合って生じている。このため，学校による支援には限界がある。学校としては，直接的支援としては地域社会や福祉的支援との連携が，間接的支援としては教育による子ども（さらには家族）への働きかけが求められるだろう。

　地域社会や福祉的支援との連携としては，たとえば，学校に配属されるSSW等との連携が考えられる。それにより，子どもを公的扶助等の経済的支援や一時保護等の子どもの安全確保に繋げることができる。教職員は，他の専門機関との連携についての知識を得る必要がある。

　学校の役割としては，教育を通しての働きかけが重要である。ここで，学力保障に限定されるものではない，子ども自身，そして子どもを育む家族のエンパワーメントを目指す教育活動の潜在的な力を指摘しておきたい。自らの置かれた環境を問い現状を変革しようとする力は，貧困との闘いに不可欠である。無着ら先達が残した，子ども自身の経験に根ざした学びの実践は，社会状況が大きく異なる現代社会においても大いに意義があるものと考えられる。

［藤田由美子］

●発展課題●
① 「子どもの貧困」におけるジェンダーの問題について，本章の内容を踏まえて具体的事例をノートに書き出し，周りの人と意見交換を行おう。
② 「子どもの貧困」に対する「教育の支援」として学校ができることの具体的事例をネットや新聞記事から探し出し，それについて周りの人と意見交換を行おう。

　お薦め図書 ....

ジェームズ・J・ヘックマン著，古草秀子訳（2015）『幼児教育の経済学』東洋経済新報社
　国家による質の高い幼児教育の提供が将来の所得増加や社会保障費抑制等につながるという本書の知見は，貧困問題解決に向けた社会政策のあり方に有用な示唆を与えるだろう。

引用・参考文献

阿部彩（2008）『子どもの貧困―日本の不公平を考える』岩波新書.

阿部彩・村山伸子・可知悠子・鳫咲子編著（2018）『子どもの貧困と食格差―お腹いっぱい食べさせたい』大月書店.

卯月由佳・末冨芳（2016）「世帯所得と小中学生の学力・学習時間―教育支出と教育費負担感の媒介効果の検討」『NIER Discussion Paper Series』No.002, pp.1-26.

沖縄県子ども総合研究所編（2017）『沖縄　子どもの貧困白書』かもがわ出版.

苅谷剛彦（2001）『階層化日本と教育危機―不平等再生産から意欲格差社会へ』有信堂.

厚生労働省（2019）『2019年国民生活基礎調査の概況』https://www.mhlw.go.jp/toukei/saikin/hw/k-tyosa/k-tyosa19/index.html（2022年4月26日閲覧）

国連開発計画（UNDP）駐日代表事務所「持続可能な開発目標」http://www.jp.undp.org/content/tokyo/ja/home/sustainable-development-goals.html（2018年5月14日閲覧）

小柳伸顕（1978）『教育以前―あいりん小中学校物語』田畑書店.

全国子ども食堂支援センター「むすびえ」,「地域みんなの食堂」となった「こども食堂」コロナ禍でも増え続け, 6,000箇所を超える。」https://musubie.org/news/4524/（2022年5月8日閲覧）

戸室健作（2016）「資料紹介　都道府県別の貧困率, ワーキングプア率, 子どもの貧困率, 捕捉率の検討」『山形大学人文学部研究年報』第13号, pp.33-53.

内閣府「子供の貧困対策」https://www8.cao.go.jp/kodomonohinkon/index.html（2022年5月8日閲覧）

日本財団　子どもの貧困対策チーム（2016）『徹底調査　子どもの貧困が日本を滅ぼす―社会的損失40兆円の衝撃』文春新書.

日本老年学的評価研究機構（2019）『生活困窮世帯の子どもに対する支援ってどんな方法があるの？　国内外の取り組みとその効果に関するレビューおよび調査』

ヘックマン, J.J.著, 大竹文雄解説, 古草秀子訳（2015）『幼児教育の経済学』東洋経済新報社.

松本伊智朗編（2017）『「子どもの貧困」を問いなおす―家族・ジェンダーの視点から』法律文化社.

湯浅誠（2017）『「なんとかする」子どもの貧困』角川新書.

リスター, R.著, 松本伊智朗監訳, 立木勝訳（2011）『貧困とはなにか―概念・言説・ポリティクス』明石書店.

OECD, OECD Income Distribution Database, https://stats.oecd.org/Index.aspx?DataSetCode=IDD（2022年4月26日閲覧）

「子ども食堂　全国2286カ所に急増　貧困対策, 交流の場」『毎日新聞』2018年4月3日付.

「生活保護世帯　かすむ将来, 春なのに　進学率3割の壁」『毎日新聞』2018年4月3日付　https://mainichi.jp/articles/20180403/k00/00e/040/227000c（2018年4月20日閲覧）

第11章

社会的養育によって育つ
子どもの教育

キーワード

社会的養育，児童相談所，児童養護施設，児童自立支援施設，「生活が陶冶する」

はじめに

　子どもの権利条約にもあるように，子どもは，健やかに成長し，虐待や搾取から守られ，社会に参加して生きる権利を有する。2016年改正の児童福祉法に，児童が権利の主体であると明記されたが，現実には，保護者の死去や病気，経済的問題，行方不明，適切でない養育（虐待やネグレクト）などの多様な理由で，家庭で親と暮らせない状態にある子どもがいる。社会的養育とは，このような子どもの権利を保障するために，公的な責任としてその子どもを保護し養育するとともに，養育に困難をかかえる家庭を支援することをいう。社会的養育は一般に児童福祉の問題と理解されるが，社会的養育で育つ子どもの教育は，子どもの就学権や学校教育のあり方を考えるうえで教師にとっても重要問題である。

　本章では，児童相談所，児童養護施設，児童自立支援施設に注目して，社会的養育で育つ子どもの教育の現状と課題について考えたい。

第1節 | 社会的養育の現在

1. 社会的養育の中心としての児童養護施設

　社会的養育によって育つ子どもは**表11.1**に示したように，乳児院，児童養護施設，児童自立支援施設などの児童福祉施設や，里親やファミリーホームなどの「家庭と同様の養育環境」で生活をしている。施設や里親など社会的養育の

161

表11.1　社会的養育の事業・施設等の名称と委託（入所）時点の年齢別児童数

社会的養育の担い手	家庭養育 (family-based care 家庭と同様の養育環境)		児童福祉施設 (residential care 施設養護)				児童自立生活援助事業
	里親	小規模住居型児童養育事業（ファミリーホーム）	乳児院	児童養護施設	児童心理治療施設	児童自立支援施設	自立援助ホーム
児童福祉法上の定める役割	保護者のない児童又は保護者に監護させることが不適当であると認められる児童（要保護児童）を養育することを希望する者であって、都道府県知事が適当と認めるもの（里親）に、その養育を委託する	保護者のない児童又は保護者に監護させることが適当でない児童の養育に関し相当の経験を有する者等（養育者）の住居（ファミリーホーム）において養育を行う	乳児（保健上、安定した生活環境の確保その他の理由により特に必要のある場合には、幼児を含む）を入院させて、これを養育し、あわせて退院した者について相談その他の援助を行う	保護者のない児童（乳児を除く。ただし、安定した生活環境の確保その他の理由により特に必要のある場合には、乳児を含む）、虐待されている児童その他環境上養護を要する児童を入所させて、これを養護し、あわせて退所した者に対する相談その他の自立のための援助を行う	家庭環境、学校における交友関係その他の環境上の理由により社会生活への適応が困難となった児童を、短期間、入所させ、又は保護者の下から通わせて、社会生活に適応するために必要な心理に関する治療及び生活指導を主として行い、あわせて退所した者について相談及び生活援助を行う	不良行為をなし、又はなすおそれのある児童及び家庭環境その他の環境上の理由により生活指導等を要する児童を入所させ、又は保護者の下から通わせて、個々の児童の状況に応じて必要な指導を行い、その自立を支援し、あわせて退所した者について相談その他の援助を行う	義務教育を終了した児童又は児童以外の満20歳に満たない者であって措置解除者等、若しくは学校教育法第50条の高等学校の生徒、同法第83条の大学の学生その他の厚生労働省令で定める者であって満22歳に達する日の属する年度の末日までの間にある者のうち、措置解除者等（満20歳に達する日の前日に里親に委託され、又は児童養護施設等に入所していた者）に対し、これらの者が共同生活を営む住居（自立援助ホーム）において、相談その他の日常生活上の援助及び生活指導、就業の支援を行い、あわせて退居後の相談等を行う
施設・事業所数／里親登録数	4,216	334	140	617	46	58	147
里親家庭数	5,382人	1,513人	3,023人	27,026人	1,367人	1,448人	616人
児童総数							
0歳	593	65	2,176	50	–	–	–
1歳	557	48	508	633	–	–	–
2歳	780	117	144	5,260	–	–	–
3歳	523	111	17	3,524	2	–	–
4歳	325	104	4	2,253	1	–	–
5歳	273	68	2	1,847	8	–	–
6歳	279	100	–	1,948	57	–	–
7歳	205	81	–	1,576	101	1	–
8歳	169	95	–	1,507	136	10	–
9歳	153	81	–	1,325	151	16	–
10歳	173	71	–	1,290	166	68	1
11歳	155	87	–	1,175	166	125	–
12歳	216	89	–	1,133	201	217	–
13歳	171	88	–	1,029	173	455	–
14歳	174	85	–	908	112	371	–
15歳	209	90	–	782	47	99	7
16歳	170	64	–	272	16	26	89
17歳	100	33	–	121	3	10	124
18歳	13	5	–	18	2	–	169
19歳	–	–	–	1	–	–	158
平均年齢	5.9歳	8.2歳	0.3歳	6.4歳	10.7歳	12.9歳	17.7歳

出典：厚生労働省子ども家庭局 厚生労働省社会・援護局障害保健福祉部「児童養護施設入所児童等調査の概要（平成30年2月1日現在）」2020年1月（https://www.mhlw.go.jp/content/11923000/000595122.pdf）　表3に福祉施設の役割を加筆・並び替えを行った。また、里親は児童福祉法に基づいて、里親等に委託されている児童、児童養護施設等に措置されている児童等の実態を明らかにして、養護施策推進のための基礎資料を得ることを目的として、おおむね5年ごとに実施（前回調査は平成25年2月1日に実施。乳児院の3歳以上を含む。児童総数には年齢不詳者数を含む。平均年齢には年齢不詳者数を含まない。小規模住居型児童養育事業の事業者数を除く。）

担い手の役割は，児童福祉法において定められている。**表11.1**に，5年毎に実施される児童養護施設入所児童等調査（2018年度調査）に基づき，行政が子どもを社会的養育に委ねた時点での年齢別児童数を示した。これによると，全国617ヵ所の児童養護施設で約3万人の児童が生活し，そのうち約6割近くの児童が小学校就学前に入所していることがわかる。

2. 「家庭と同様の養育」重視の政策動向

　社会的養育の主たる担い手が里親である欧米に対して，日本では長く児童養護施設がその中心的な担い手であった。しかし，2016年改正の児童福祉法によって，「家庭と同様の養育環境」を優先する政策方針が示された。その結果，2018年度の調査では，「家庭と同様の養育環境」を提供するファミリーホームが334ヵ所，里親が4,216世帯となり，前回調査の2013年時点より増えている。また，児童養護施設でも，「家庭的な養育環境」を提供する小規模グループケアが開設され，小規模グループケアの数は全国で2,073ヵ所，地域小規模養護施設（グループホーム）は494ヵ所となった。全国8,000ヵ所以上に社会的養育の担い手がいることになる。全国の公立小学校は約2万校であるため，それを分母に単純計算をすると，およそ3小学校区に1ヵ所以上，社会的養育の担い手がいることとなる（厚生労働省 2017）。

　このように社会的養育に関する政策が「家庭と同様の養育環境」へとシフトし社会的養育の担い手が増加する中で，今後，教師は，「チーム」として協働して，社会的養育で育つ子どもを理解しその教育にあたることがいっそう重要となる。そのためには，社会的養育の仕組みと，社会的養育によって育つ子どもにかかわる学校教育の現状と課題を理解しておく必要がある。

第2節 ｜ 児童相談所と学校

1. 社会的養育に委ねられるプロセスと学校

　図11.1は，学校で虐待と思われるケースを発見した場合を例として，子ども

が行政により社会的養育に委ねられるプロセス（措置）と子どもの通学について示している。

　最初に，子どもが虐待を受けていると「思われる」という教職員の「気づき」が起点となる。教職員は虐待を受けていると思われる子どもに気づいたときは，直ちに管理職に報告する。これを受けて管理職は，主幹教諭，担任，養護教諭，スクールカウンセラー，スクールソーシャルワーカー，特別支援教育コーディネーターなどによる校内チームを招集し，学校としての方針を定め，市区町村の子育て支援の窓口や都道府県が設置する児童相談所（以下，児相と略）へ相談または通告を行うという流れとなる。

　児相に寄せられる虐待相談件数は年々増加し，2020年度は20万5,044件となった。通告を受けて児相は，関係情報の収集や実地調査を経て対応を決定する。この時，子どもの安全確保や行動観察，短期入所指導等の必要がある場合，児相内の一時保護所などで子どもの身柄を一時的に保護する。2020年度に一時保護に付されたケースは通告を受けた件数のうちの約13％程度である。

　「令和2年度福祉行政報告例」によれば，児相で一時保護された件数のうち約6割が帰宅し，家庭での養育が継続されることとなり，要保護児童対策地域協議

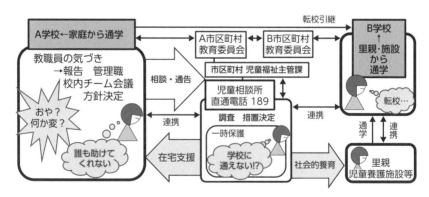

図11.1　学齢児童生徒が社会的養育に委ねられるプロセスと学校（児童虐待と思われるケース）
出典：大阪府教育委員会「子どもたちの輝く未来のために　児童虐待防止のてびき　平成23年3月」，埼玉県福祉部子ども安全課「教職員・保育従事者のための児童虐待対応マニュアル　平成30年3月改訂版」を参考に筆者作成

会や学校と児相が見守る「在宅支援」となっている（厚生労働省2021）。

他方，社会的養育に措置されるケースは，相談件数の2割程度である。そして，これらの社会的養育に委ねられた子どもが小中学生の場合は，里親や児童養護施設などの所在地の校区の学校へ転校することとなる。

現在，日本において社会的養育で育つ子どもは，18歳以下の人口の約0.2%に過ぎない。つまり，社会的養育で育つ子どもは，実父母や親族などを養育者とする家庭で生活することが相当に厳しいと判断された少数の子どもといえる。

2.　一時保護中の児童の就学問題

前述の児相による一時保護期間は，全国平均では約30日程度である。この間，一時保護中の子どもは学校に通っていない。それは，一時保護中の子どもを就学させる義務が児相にないことが主たる理由である。

子どもにとって一時保護は，突然，家庭からも学校からも離され，一時保護所での生活が強いられる事態であり（杉山1999：86-89），厚生労働省は一時保護中の子どもは「学習をするだけの精神状況にない」と指摘する。その一方で，厚生労働省は，一時保護中の子どもは「学業を十分に受けていないために基礎的な学力が身についていない」者もおり，それぞれの状況や特性，学力に配慮した指導が必要であるとして，学校との連携を求めている。たとえば，在籍校と「どのような学習を展開することが有効か協議」し，「取り組むべき学習内容や教材などを送付してもらうなど，創意工夫した学習」などが求められている（厚生労働省2013b：121-122）。また文部科学省は，一時保護中の学習環境や指導要録の扱いなどについて通知した（文部科学省2015）。一時保護所の中には学習指導協力員の配置により学習時間を確保しているところもあるが，そのような一時保護所は少数であり，一時保護中の就学権が保障されているとはいえない。

しかも，一時保護期間は，2か月を超えないと定められているものの児相長の判断で延長が可能であり，かつ長期化傾向が指摘されている（鈴木2015：121）。このような状況において，慎（2017）が提案するように「子どもが元々育ってい

る地域」の家庭や施設への一時保護委託や，一時保護所のある校区内の小中学校への通学を可能にすることなど，一時保護中の就学権の保障は焦眉の課題である。

第3節 児童養護施設で育つ子どもの教育

1. 児童養護施設で育つ子ども

　2018年度児童養護施設入所児童等調査によると，児童養護施設で生活する児童の約5割が乳幼児期に当該施設に入所しており，児童養護施設の児童の平均在籍期間は5.2年である。また，在籍児童の49.3％にあたる13,327人が4年未満で退所する一方で，4年以上8年未満7,047人（26.1％），8年以上12年未満4,184人（15.5％），12年以上2,116人（7.8％）と，乳幼児期から高等学校卒業までほとんどを施設で過ごす者もいる。

　そして，児童養護施設在籍児のうち障害などのある割合は36.7％と5年前調査（28.5％）より増加し，65.6％が適切でない養育を受けた経験を有する。

　適切でない養育^{マルトリートメント}は，子どもの成長に影響を与える（岡本2009）。①低身長・低体重などの身体的影響，②いつ虐待されるかもしれないという環境の中で落ち着いて学習できず，あるいはネグレクトの状態で養育され登校が困難であった結果，本来の能力に比して知的な発達が遅れるという発達面の影響，③対人関係，低い自己評価，行動コントロール，精神的症状などの心理的影響がある。社会的養育に委ねられる子どもに，これらの影響がみられることがある。

2. 児童養護施設で生活する子どもを理解すること

　このような児童養護施設で生活する子どもの教育において，何が大切であろうか。それを考えるためには，児童養護施設での生活の意味を理解する必要がある。

　現在の日本では，社会的養育に委ねられることになった小中学生の多くが，措置される里親宅や施設などがある校区の学校への転校を余儀なくされる。し

かも，年度途中であることも少なくない。たとえば，ある子どもは，小学校6年の時に「よくわからないうちに，突然児童養護施設に連れて来られ」，そして「同時に，いきなり転校」した経験を，「ずっと一緒にいた友達と離れ」，「担任の先生とも別れ」，「全く知らない所に行き，そこの小学校に通うという不安」があり，とても嫌なことであったと振り返る（つばさ 2010：22）。

　子どもにとって社会的養育に委ねられる生活は，親や友人，担任，慣れ親しんだ家庭や地域，学校との突然の別れであり，子どもは無力感を味わう。教師は，そのような状態で転校し，施設でも学校でも，新たな人間関係を築くことの重大さを理解することが求められる。そして，自己肯定感が低い子どもに，安心して過ごせる学校生活と信頼できる大人との関係を通して，夢や希望を抱くことができるようにすることが求められる。そのことは生きる力を育む学校の本来的使命であり，結果として適切でない養育が与えたダメージをケアすることになる。

　他方で，物心ついた頃から児童養護施設に育った子どももいる。草間吉夫『ひとりぼっちの私が市長になった！』（講談社，2006年）や漫画『いつか見た青い空』（新書館，2011年）などの児童養護施設で育った当事者の著作は，施設で生活する子どもの思いを理解するうえで参考になる。前者は，生後三日で乳児院に預けられ高校卒業まで児童養護施設で育ち市長となった著者の半世紀を，後者は幼少時から児童養護施設で生活した著者の学校時代の経験を描いている。

3.　児童養護施設が校区にある学校における施設加配教員

　施設が校区にある学校の教員は，施設から通う子ども一人ひとりを理解するとともに，組織として施設と連携し協働する必要がある。また学校に施設加配教員を配置する必要性も指摘されている（村松・保坂 2016：129）。それでは，加配された教員は具体的には何をするのであろうか。

　大阪府島本町立第二小学校では，全校児童596名中，90名が児童養護施設から通っていた2003年，教員が加配された。同校では，教職員，保護者，地域，施設職員，そして子ども同士が支え合う関係の中で，「子どもたちがその集団に

受け入れられている，自分が大切にされているという安心感を持つ」ことができるように，「施設児童を中心に据えた集団づくり」に力を入れた。

　そのために，学校で「施設に関する学習」を系統的に行い，子ども同士が施設理解を深める教育を推進した。また学校側に施設連携担当者，施設側に学校連携担当者を定め，施設の行事などへの参加により教職員の施設理解と施設職員との相互理解を深め，「施設の子どもにとって教職員が身近な信頼できる存在」となるように努めた（森 2009：102-112）。施設加配教員は，このような学校づくりにおいてキーパーソンというべき存在といえる。

　しかし，児童養護施設が校区にある学校に教員を加配している自治体は多くなく，島本町での取り組みは先駆的である。

4.　児童養護施設出身者の進路保障と学校

　児童養護施設で生活する子どもの教育を考える時，進路問題は重要である。図11.2に示したように，全国中学校卒業者全体の高校進学率が90％を超えた1974年，児童養護施設出身者の高校進学率は33.3％に過ぎなかった。その後，国の特別育成費が1975年から公立高校，1988年から私立高校の進学者に支弁されるようになり上昇した（坪井 2011）。

　児童養護施設出身者の高校進学率は全国平均に近づいてきたが，一方で高校卒業と卒業後の進路には隔たりがある。高等学校進学1年後の中退率は全国平均2.1％に対して，児童養護施設入所児は7.5％と高く，また高等学校卒業後の進学者は全国平均52.2％に対して，児童養護施設出身者は12.4％にすぎない。大学進学率における児童養護施設出身者と全国高校出身者との顕著な格差は検討すべき課題である。

　あわせて図11.2には，後述の児童自立支援施設（1997年まで教護院）における高校進学率を示した。比較的早くから高校への進学実績のある滋賀県立淡海学園の場合でも，2004年に50％を超える程度と低い高校進学率である。

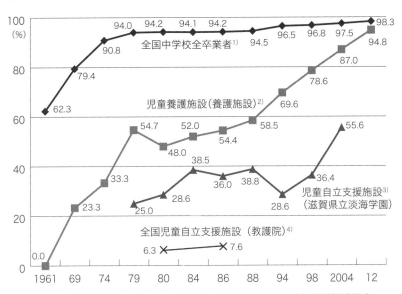

図11.2　社会的養育に委ねられた児童と全中学校卒業者の高等学校等進学率

出典：以下の各データより筆者作成
1）学校基本調査より全国中学校卒業者中，高等学校等への進学率：中学校・義務教育学校卒
　業者及び中等教育学校前期課程修了者のうち，高等学校，中等教育学校後期課程及び特別
　支援学校高等部の本科・別科並びに高等専門学校に進学した者（就職進学した者を含み，過
　年度中卒者等は含まない。）の占める比率（ただし1961, 1969, 1974, 1979年は通信制本科を
　除く）
2）坪井瞳（2012）。2012年は児童養護施設入所児童等調査より作成
3）内田信彦（2007）
4）花島政三郎（1994）

第4節 │ 「育て直し・育ち直し」の場としての児童自立支援施設

1. 児童自立支援施設で育つ子ども

　児童自立支援施設は，生活指導などを要する児童を対象とする児童福祉施設
である。同施設へは，児相による措置と家庭裁判所の少年審判による保護処分
という二つの入所経路がある（図11.3）。2018年調査では，9割近くが児相から
の措置入所である。児童自立支援施設の在籍者は，64.5％が被虐待経験を有し，
61.8％が注意欠如多動症（ADHD），学習障害（LD），広汎性発達障害（自閉症ス

ペクトラム），知的障害などの診断を受けている。また在籍者の20％が児童養護施設や里親など他の社会的養育の下にあった（厚生労働省 2020）。10歳までに11回も養育者と生活の場が変わった者もいたという（花島 1996）。このように，児童自立支援施設には，生きづらさを背景として問題行動を呈した者が少なからず生活している。

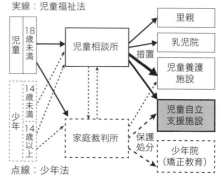

図11.3　児童自立支援施設への入所経路

2.　児童自立支援施設と少年院

　家庭裁判所の保護処分による送致先には，法務省が所管する少年院もある。2016年の少年院年報によると，少年院の入所者には小学生はなく，ほとんどが14歳以上で入所する。これに対して，児童自立支援施設には小学生が入所することもある。しかし，両者は対象者の年齢以上に，施設の目的による違いが大きい。

　少年院は非行のある少年（女子も含む）の社会復帰に向けて矯正教育を行う施設であり，刑の執行を受ける者を収容する少年院もある。これに対して，児童自立支援施設は，矯正施設ではなく，生活指導の必要な児童に福祉的措置として社会的養育を行う，厚生労働省所管の児童福祉施設である。

　児童自立支援施設は感化院をルーツとする。「感化」という言葉は，環境により変化をもたらすという意味を含有する。感化院について定めた感化法案を起草した小河滋次郎（1864〜1925）は，子どもがどのような「不良行為」をしたかよりは，なぜその行為をしたかが重要であり，「不良行為」はその子が「教養保護を必要とする遺棄の状態」にあるサインととらえた。そのように考える小河が構想した感化院は，愛と信頼によって結ばれる「家庭的の学校」を理想とした。「家庭」であるならば塀や鍵などの逃亡防止装置は不要であるとして，感化院では開放処遇が採用された。その後，少年教護院，教護院を経て，児童自

立支援施設と改称された現在も基本的に開放処遇が採用されている。

　これに対して，少年院は感化院批判を背景として誕生した閉鎖処遇の矯正院をルーツとする（1948年少年院と改称）。矯正院誕生につながる少年法案の帝国議会での議論はジェンダーの視点からみると興味深い。司法省は，開放処遇の感化院を無断で外出する者がいるのは，感化院が「甘母」であるためと批判し，少年には「厳父」が必要として，1922年，矯正院を誕生させた（二井 2010）。そのような矯正院を前身とする少年院は，現在も基本的には閉鎖処遇である。

3.　児童自立支援施設と児童養護施設における教育保障の相違点

　他方，ともに社会的養育を担う児童福祉施設とはいえ，児童自立支援施設は児童養護施設とも異なる特徴がある。児童養護施設は，全国に10年以上の在籍者が3,000人以上いるが，児童自立支援施設の平均在籍期間は1年程度であり，8割近くが中学生で入所する。また多くの児童養護施設在籍の学齢児は，施設外の子どもも通う校区の学校へ通うが，児童自立支援施設ではほとんどの場合，施設に併設された学校に通う。

　児童自立支援施設は学齢期に必要な期間，大人と子どもがそこでの生活を通して「育て直し・育ち直し」をする教育と福祉の場ということができる。

4.　「育て直し・育ち直し」を核とした教育

　1947年に制定された児童福祉法第48条において，児童自立支援施設の前身である教護院の長は在籍児童を就学させる義務を課されなかった，これに対して文部省はそのような教護院への入所を就学義務猶予の対象として扱った。

　しかし，教護院において教育が行われていなかったわけではない。多くの教護院では，戦前の感化院，少年教護院時代からの歴史を継承し，生活指導，学科指導，実科指導を三本柱とする教育実践を行っていた。

　その後，高度経済成長下，進学競争が激しくなる一方で，少年刑法犯検挙者が1964年に23万8,830人を数え，少年非行第二の波と呼ばれる時代が訪れた。そして，この時期，教護院に多くの児童が措置された。

このような時代に，滋賀県立淡海学園長小嶋直太郎は，児童の就学権保障のために48条を改正し，教護院長に就学義務を課すことを主張した。

　しかし，小嶋の提案に反対する教護院長もいた。たとえば，国立きぬ川学院長石原登は，日本の学校教育が「入試のための道具」となり，「ゆがんだ学習形態が劣等感を醸成し，集団性（情性）の発育を阻止」し教護院に来る子どもを作っているのに，なぜ「学校様式に追随しなければならないのか」と批判した（石原 1965）。教護院入所児の就学権という制度問題に注目した小嶋の論点とズレがあるが，石原の48条改正への反対論は，教護院に入所する児童がそれまでに受けてきた学校教育に対する批判が根底にあった。

　またたとえば，北海道家庭学校長谷昌恒は，児童福祉法第48条改正に声高には反対しなかったが，「学校教育が敗れたところから，子どもを受け入れている」，「学校教育が敗れて教護の子どもがおり，その教護の子どもの教育をしようとする私たちに，もう一度，学校教育の網をかぶせ，その流儀を強いることは恥知らず」と述べ，教護院で行っている教育活動に自負を示した。「教育にとって最も大切なものは，教師と生徒との一対一の結びつき」だととらえ，教護院では自然が人間に与える感化，影響を意識しながら，教師と生徒がともに働き，その労苦と喜びを分かち合い，寝食をともにすることによる教育を重視する。ペスタロッチのいう「生活が陶冶するという教育原理」に立つ教育である。

　留岡幸助が設立した家庭学校を前身とする北海道家庭学校では，439haの広大な校地で森を育て，牛を飼い，野菜を育て，秋には一年の生産活動を「分析し整理して，一つの報告にまでまとめ上げる」作業班学習発表会を開催する。それは，「生産活動と学習とを有機的に結び付け」，自身の「労働の成果の跡を客観視」し，作業の意味を消化する「流汗悟道」の教育実践である。谷は，「生産する労苦をつぶさに体得」し「手足に知恵をつけ」，知恵を会得することが「学校教育に欠けている」と述べ，学校で「やる気をなくし」た子どもに「学校教育とはいささか異なる原則の上に立って教育を進めたい」と述べた（谷 1984：9-53）。谷は児童福祉法第48条改正による就学権保障というよりはむしろ，教護院在籍児童に必要な教育は何かという実質的な教育のあり方を問題にしたのである。

5. 児童福祉法第48条改正と児童自立支援施設併設校の課題

　他方，教護院入所児童の就学権侵害を問題とした小嶋は，1986年，日本弁護士連合会（日弁連）に人権救済を申し立てた。これを受けた日弁連は1990年意見書をまとめた。それを受け，厚生省は，教護院の敷地内に学校の分校や分教室を設置する方針を表明し，1997年の児童福祉法改正により，児童自立支援施設長は在籍児童を就学させる義務を課せられた（小林 2013：10-59）。

　学校教育法制定から50年，養護学校義務化から23年にして，児童自立支援施設在籍児童に対する就学権が保障されたのである。そして，この結果，2014年度末までに，48施設で一条校が併設されるにいたった（厚生労働省 2014）。

　しかし，法改正に際して，文部省は，児童自立支援施設在籍児童に対する就学保障について，学校教育の内容や方法に関する具体的な法整備を行わなかった。このため，形式的には児童自立支援施設在籍児童の就学権は保障されたが，実質的に当該児童にとって必要な教育保障になっていないという問題が残された。すなわち，愛着障害や大人への不信感があり，対等な人間関係を築くことが苦手で，学校で不適応を起こす学力の低い入所児童に対して，通常の教育課程上の授業を行う困難が課題として残されたのである（小林 2013：175-191）。

6. 望の岡分校と北海道家庭学校の協働による「流汗悟道」の教育

　国の制度整備が不十分な中で，「流汗悟道」の教育を行ってきた北海道家庭学校にも，2009年，遠軽町立遠軽中学校望の岡分校と遠軽町立東小学校望の岡分校が開設された。

　同分校の取り組みは，「恵まれない養育環境とそれに伴う不登校，被虐待，非行などの問題を抱え，学年に応じた学力や学習に向かう基本的な姿勢が身についていない児童」の実態に即した教育を行うという点で注目される（森田 2013）。

　具体的には，入校時に児童の実態把握のため「お迎えテスト」を実施し，学習のスタート地点を定め，習熟度別学級で学習内容の定着と学習態度の改善を進めている。また北海道家庭学校の行う生産教育（作業班学習）に，分校教諭も参加し，

生徒とともに汗を流し施設職員と協働で流汗悟道の教育に従事している。

　分校の教諭は，「大人や学校に不信感を抱き，笑顔を浮かべることができない彼らが，屈託のない笑みを浮かべ，大人を慕うのは，ともに多くの時間，多くの想いを共有しあっているからこそ」と述べ（茂木 2016），「少人数で習熟度別の学習をする中で『わかる楽しさ』を知ったときの変化は目を見張るもの」があり，作業班学習では「授業だけでは知ることのできない，子どもの意外な一面を発見したり，子どもたちがここでの生活体験から得たことを教えてもらった」と回想する（丸尾 2016）。別の教諭も「その子に合わせた授業ができるようになった」「僕自身も成長した」と分校での勤務を振り返った（吉村 2016）。

　作業班学習発表は，収穫高やコスト，作業日数などを振り返り分析する，社会科と理科，言葉や絵などの表現活動にかかわる，総合的な合科教育実践である。みずからの作業に裏づけられた実感と知識が結びついた発表は，聴衆を惹きつけ，それに対する称賛は個々の生徒の自信につながる。そして同時に，「子どもたちに合わせる」授業と，子どもと労と想いを共有する流汗悟道の教育は，教師の力量形成にもつながっている。

　しかし，現行の学習指導要領下での教育課程編成には困難が伴う。児童自立支援施設在籍児童の実態に即した教育課程の編成を可能にする学校教育のあり方について，国による制度整備が不可欠であるといえよう。

おわりに

　本章で述べたように，社会的養育で育つ子どもは 500 人に 1 人という圧倒的な少数派であり，「見えにくい」存在である。数が少ないために多くの人は，社会的養育で育つ子どもがいることに想像が及ばない（長瀬 2014：5）。しかし，だからこそ教師には，子どもが社会的養育に委ねられる経緯や，社会的養育で育つ子どもの心情やおかれた状況を理解することが求められる。また，一時保護中の児童の就学権保障や，児童養護施設在籍学校における施設加配教員の問題，児童自立支援施設に在籍する児童生徒のニーズに即した教育課程の編成など，社会的養育で育つ子どもの教育に関する制度課題が残されていることを認

識することも必要である。しかし，島本第二小学校や望の岡分校の取り組みのように，島本町や遠軽町など地域教育委員会の理解の下で，学校が社会的養育の担い手と協働して教育活動を実践した事例もあった。それは，社会的養育で育つ児童のニーズに即して必要な教育を求める試みであり，一人ひとりの子どもの育つ権利を保障する視点に支えられている。今後，このような児童福祉と学校が協働する事例が拡がることが期待される。

［二井仁美］

● 発展課題 ●
① 社会的養育で育つ子どもの教育について考察することは，教育の本質を問うことにつながる。下記の椎名篤子の著作を読み，「教育とは何か」，考えてみよう。
② あなたの住む地域で社会的養育を担う施設や人について，調べてみよう。

---- お薦め図書・漫画 ----

① 椎名篤子作・ごとう和画 (2010)『愛ときずな　虐待ケアへの挑戦』秋田書店

　重い虐待を受けた子どもを，児童精神科医，看護師，保育士，教員，心理士，ソーシャルワーカーらがチームで育て直した実話に基づく物語。原作は椎名篤子 (2007)『「愛されたい」を拒絶される子どもたち―虐待ケアへの挑戦』大和書房。

② 渡井さゆり (2014)『「育ち」をふりかえる―「いきてていい」，そう思える日はきっとくる』岩波書店

　児童養護施設で育ち，児童養護施設で育った当事者の支援活動を行った渡井が，「生きる意味は自分で作っていくもの」と考えるにいたった自身の育ちを振り返った著書。児童養護施設で育つ子どもを理解するうえで参考になる。

引用・参考文献
石原登 (1965)「学習問題私見」『石原登先生の思い出』同編さん委員会.
内田信彦 (2007)「児童自立支援施設 (旧：教護院) 入所児童の高等学校進学について」『近畿福祉大学紀要』8-2, pp.107-112.
岡本正子・二井仁美・森実編 (2009)『教員のための子ども虐待理解と対応』生活書院.
五味靖 (2009)「児童自立支援施設における中卒児処遇の生活指導分析」『国立青少年教育振興

機構研究紀要』9号，pp.27-39.

厚生労働省（2013a）『子ども虐待対応の手引き』厚生労働省雇用均等・家庭局．

厚生労働省（2013b）『児童相談所運営指針』

厚生労働省（2014）『児童自立支援施設運営ハンドブック』

厚生労働省（2020）「児童養護施設入所児童等調査の概要（平成30年2月1日現在）」2020年
　1月 https://www.mhlw.go.jp/content/11923000/000595122.pdf（2022年4月30日閲覧）

厚生労働省（2021）「令和2年度福祉行政報告例」

厚生労働省（2022）「社会的養育に向けて」https://www.mhlw.go.jp/content/000833294.pdf
　（2022年4月30日閲覧）

小林英義編（2013）『もうひとつの学校』生活書院．

慎泰俊（2017）『ルポ児童相談所』筑摩書房．

杉山秀樹（1999）「いきなり児相，そして転校」『子どもが語る施設の暮らし』編集委員会編
　『子どもが語る施設の暮らし』明石書店．

鈴木崇之（2015）『児童虐待時代の社会的養護』学文社．

田中康雄編（2012）『児童生活臨床と社会的養護』生活書院．

谷昌恒（1984）『教育の理想』評論社．

つばさ（2010）「初心を大切に」読売光と愛の事業団編『夢をかなえる力』明石書店．

坪井瞳（2011）「児童養護施設の子どもの高校進学問題」『大妻女子大学家政系研究紀要』47，
　pp.71-77.

坪井瞳（2012）「児童養護施設在籍児童の中学卒業後の進路動向」『被虐待児の援助に関わる学
　校と児童養護施設の連携（第3報）』子どもの虹情報センター．

長瀬正子（2014）『社会的養護の当事者支援ハンドブック』大阪府人権協会

西田芳正（2011）『児童養護施設と社会的排除 家族依存社会の臨界』解放出版社．

二井仁美（2010）『留岡幸助と家庭学校 近代日本感化教育史序説』不二出版．

花島政三郎（1994）『教護院の子どもたち』ミネルヴァ書房．

花島政三郎（1996）『10代施設ケア体験者の自立への試練』京都法政出版．

丸尾恵（2016）「感謝とお礼」『ひとむれ』925，北海道家庭学校，p.5.

村松健司・保坂亨（2016）「児童養護施設―学校連携の現状と課題　学校からみた視点を中心
　に」『千葉大学教育学部研究紀要』64，pp.123-131.

茂木大地（2016）「共に感じる喜び」『ひとむれ』925，北海道家庭学校，p.8.

森実（2009）「児童養護施設の子どもを中心に据えて」岡本正子・二井仁美・森実編，前掲書．

森田穣（2013）「北海道家庭学校」小林英義編『もうひとつの学校』生活書院．

文部科学省（2015）「一時保護等が行われている児童生徒の指導要録に係る適切な対応及び児
　童虐待防止対策に係る対応について」（通告）

吉村憲彦（2016）「家庭学校での7年」『ひとむれ』925，北海道家庭学校，p.4.

児童虐待に対する学校と教職員の役割

　2020（令和2）年度に児童相談所に寄せられた児童虐待相談は205,044件と過去最高となった。児童虐待の防止等に関する法律（平成12年法律第82号，以下，児童虐待防止法）はこのような状況において，学校と教職員に，下記の法的義務を課している。

　第一に，学校と教職員が児童虐待を発見しやすい立場であることを自覚し，早期発見に努める義務である（5条1）。そのためには，虐待の定義（資料①）を理解し，また虐待の影響を記したチェックリスト（資料②）の活用や研修などにより，虐待に気づく力を培う必要がある。第二に，虐待を受けたと「思われる」児童を発見した場合には，市区町村窓口や児童相談所への通告義務がある（6条）。チーム学校としての対応は，チェックリスト（資料②）を活用するとよい。また，全国共通ダイヤル（189）に電話をすると，最寄りの児童相談所に繋がる。第三に，学校や教職員は，児童虐待の予防と防止，児童虐待を受けた児童の保護や自立の支援に関する施策に協力する義務がある（5条2。第11章参照）。第四に，学校及び児童福祉施設は，児童及び保護者に対して，児童虐待防止の教育や啓発を行う義務がある（5条3）。

　児童虐待は，① 家族の歴史や家族間の関係，② 失業や貧困などの経済的問題，③ 社会的孤立，④ 子どもの障害や疾病などに起因する育児負担の問題，⑤ 保護者の精神疾患や障害などによる育児の困難，⑥ 望まない妊娠や若年出産に関わる育児受容の問題など，多様な要因が複合的に重なり生起する。友田明美（2017）は，虐待という言葉では本質を見失うおそれがあるため，「適切でない養育」という語を使用すると述べたうえで，「マルトリートメントの強度や頻度が増したとき，子どもの小さなこころは確実に傷つき，成長過程の脳は変形する可能性がある」と指摘している（友田 2017：15）。そのような養育を行う保護者を理解し支援するためにも，学校は専門機関と連携し要保護児童対策地域協議会等のチーム対応が必要とされる。

　また，学校には，虐待リスクの低い者から生命の維持が危ぶまれる虐待を受けている者まで，多様な児童がいる（資料③）。一人ひとりの自己肯定感を育てその人間関係を支え，次代を育む親性や市民性を培い，「生きる力」を養うことは，児童虐待の防止と予防における学校の重要な役割である。その際，虐待を受けた子どもの教育には，特別支援教育の視点が参考になる。安全で見通しがつく環境，合理的で一貫性のある規則，問題行動に取って代わる適切な行動を教えること，友達を作ることや内的コントロールなど，虐待を受けた子どもの教育に際して教師がなすべきことがある。この点について，B.ローエンサ

ル『子ども虐待とネグレクト　教師のためのガイドブック』(森田由美訳, 玉井
邦夫監訳, 明石書店, 2008年 (原著2001年)) は参考になる。

(二井仁美)

引用文献
友田明美 (2017)『子どもの脳を傷つける親たち』NHK出版.

資料①　児童虐待の定義

保護者 (親権者, 未成年後見人, その他児童を現に監護する者) が児童に行う下記の行為

身体的虐待	法2条1　児童の身体に外傷が生じ, 又は生じるおそれのある暴行を加えること 例：殴る, 蹴る, 投げ落とす, 激しく揺さぶる, やけどを負わせる, 溺れさせる, 首を絞める, 縄などにより一室に拘束する, 意図的に病気にさせる　など
性的虐待	法2条2　児童にわいせつな行為をすること又は児童をしてわいせつな行為をさせること 例：子どもへの性的行為, 性的行為や性器を見せる, 性器を触る又は触らせる, ポルノグラフィの被写体にする　など
ネグレクト	法2条3　児童の心身の正常な発達を妨げるような著しい減食又は長時間の放置, 同居人による虐待行為の放置, その他の保護者としての監護を著しく怠ること 例：子どもへの健康・安全への配慮を怠る (家に閉じ込める, 食事を与えない, ひどく不潔にする, 自動車の中に放置する, 重い病気になっても病院に連れて行かない), 子どもにとって必要な情緒的欲求に応えていない, 子どもの教育を保障する努力をしない, 同居人や第三者が虐待を行っているにもかかわらず, それを放置する　など
心理的虐待	法2条4　児童に対する著しい暴言又は著しく拒絶的な対応, 児童が同居する家庭における配偶者に対する暴力 (DV), 児童に著しい心理的外傷を与える言動を行うこと 例：言葉による脅し, 無視, きょうだい間での差別的扱い, 子どもの前で家族に暴力をふるう (DV), 自尊心を傷つける言動を繰り返す, 他のきょうだいに虐待を行う　など

出典：厚生労働省雇用均等・児童家庭局総務課 (2013)『子ども虐待対応の手引き (平成25年8月改正版)』参照

資料②　東京都教育委員会作成
児童虐待の早期発見と適切な対応のためのチェックリスト

児童虐待の早期発見と適切な対応のためのチェックリスト

☐ 年 ☐ 組　氏名 _____　　担任氏名 _____

1　幼児・児童・生徒の様子で、虐待と思われる「変化」をとらえる

（1）登校（園）時の出席調べや健康観察などの場面で

チェック	幼児・児童・生徒の様子	月日	気付いた人	
☐	傷跡やあざ、やけどの跡などが見られる。	/		
☐	過度に緊張し、教師と視線が合わせられない。	/		
☐	季節にそぐわない服装をしている。	/		
☐	きょうだいで服装や持ち物などに差が見られる。	/		
☐	連絡もなく欠席する。担任等が家庭を訪問しても、保護者は不在であったり、子供はまだ寝ていたり、あるいは食事を与えられていなかったりする。	/		

（虐待によるけがが多い部位）

（2）授業中や給食時などの生活場面で

チェック	幼児・児童・生徒の様子	月日	気付いた人	備考
☐	教師等の顔色をうかがったり、接触を避けようとしたりする。	/		
☐	最近、急に気力がなくなる、字が乱雑になるなどの様子が見られる。	/		
☐	他者とうまく関われず、ささいなことでもすぐカッとなるなど乱暴な言動が見られる。	/		
☐	握手など身体的接触に対して過度に反応する。	/		
☐	警戒心が強く、音や振動に過剰に反応し、手を挙げただけで顔や頭をかばう。	/		
☐	他の人を執拗に責める。	/		
☐	動植物等の命あるものをいじめたり、生命を奪ったりする。	/		
☐	虚言が多かったり、自暴自棄な言動があったりする。	/		
☐	用事がなくても教師のそばに近づいてこようとする。	/		
☐	集団から離れていることが多い。	/		
☐	食べ物への執着が強く、過度に食べる。	/		
☐	極端な食欲不振が見られる。	/		
☐	なにかと理由をつけてなかなか家に帰りたがらない。	/		
☐	必要以上に丁寧な言葉遣いやあいさつをする。	/		
☐	必要以上に人に気に入られるように振舞ったり、笑わせたりしようとする。	/		
☐	日常の会話や日記・作文等の中に、放課後や休日の生活の様子が出てこない。	/		

（3）健康診断、水泳、着替えの手伝いなどの場面で

チェック	幼児・児童・生徒の様子	月日	気付いた人	備考
☐	衣服を脱ぐことに過剰な不安を見せる。	/		
☐	発育や発達の遅れ（やせ、低身長、歩行や言葉の遅れ等）、虫歯等要治療の疾病等を放置している。	/		
☐	説明がつかないけが、やけど、出血斑（痕跡を含む）が見られる。	/		
☐	からだや衣服の不潔感、汚れ、におい、垢の付着、爪が伸びている等がある。	/		

（4）保護者との関わりの中で

チェック	保護者等	月日	気付いた人	備考
☐	子供との関わり方に不自然なところが見られる。	/		
☐	不自然に子供が保護者と密着している。	/		
☐	発達にそぐわない厳しいしつけや行動制限をしている。	/		
☐	家庭訪問や面談等の際、保護者が同席していると、必要以上に気を遣い緊張しているが、保護者が席を離れると、安心して表情が明るくなる。	/		
☐	子供が夜遅くまで外で遊んでいたり徘徊したりしているのを黙認している。	/		
☐	長期にわたって欠席が続き、訪問しても子供に会わせようとしない。	/		
☐	家庭訪問や担任との面談を拒否する。	/		
☐	連絡帳への返事がなく、学校からの電話には出ない。	/		
☐	子供の健康状態に関心が低く、受診や入院の勧めを拒否する。	/		
☐	子供の外傷などに対する説明に不自然なところがある。	/		
☐	欠席の理由や状況の説明に不自然なところがある。	/		
☐	子供の発育等に無関心であったり、育児について拒否的な発言があったりする。	/		
☐	子供のしつけに関する言動が常に変わる。	/		
☐	子供の成績や評価、学習用具等の準備に無関心である。	/		
☐	教材費や給食費を滞納する。	/		
☐	保護者会やＰＴＡ行事等への出席を拒否する。	/		
☐	保護者会等で自分自身や他の保護者に対して否定的な態度をとることがある。	/		
☐	他の保護者と関わることを極端に嫌う。	/		

研修セット（3）　2/2

出典：東京都教育委員会「児童虐待防止研修セット（3）」https://www.kyoiku.metro.tokyo.lg.jp/school/document/human_rights/files/abuse_prevention/03.pdf（2022年5月3日閲覧）より引用

2 「虐待を受けたと思われる」幼児・児童・生徒について、学校内で組織的な対応をする

チェック	組織的な対応の内容	月日	主担当者	備考
ア	園長・校長、副園長・副校長等に、虐待を受けたと思われる子供について速やかに報告している。	/		
イ	不審に感じた時点から、時系列で記録をとっている。	/		
ウ	校内で生活指導部を中心に、指導・支援体制を構築するとともに、全教職員に共通理解を図っている。	/		
エ	虐待を疑われる子供の様子、保護者の様子について、組織的（民生児童委員、児童館・放課後子供教室の職員等も含む）に情報の収集に当たっている。	/		
オ	情報収集と同時並行して、対応について校内で協議している。	/		
カ	子ども家庭支援センター又は、児童相談所等に速やかに通告している。	/		通告先:
キ	教育委員会に、該当する子供や保護者の状況、子ども家庭支援センター等との連携等について報告している。	/		

3 通告後に、関係諸機関との連携を図る

チェック	関係諸機関との連携の内容	決定日	主担当者	備考
A	【B〜Dの措置に至るまでの待機期間】 学校サポートチームを活用し、民生児童委員、要保護児童地域対策協議会等の関係機関と連携して、継続的に幼児・児童・生徒の状況を把握する。	/		
B	【B：在宅のまま、児童相談所等からの指導が行われる場合】 地域のネットワークの一員として状況を継続的に見守り、学校として子供の安全確認を行う。	/		
C	【C：児童相談所により一時保護される場合】 保護期間中の子供の学習に関し、児童相談所や一時保護所との連携を図る。	/		
D	【D：施設への入所や里親への委託の措置が決まった場合】 転校などの対応をする。	/		

出典：東京都教育委員会「児童虐待防止研修セット（4）」https://www.kyoiku.metro.tokyo.lg.jp/school/document/human_rights/files/abuse_prevention/04.pdf（2022年5月3日閲覧）より

資料③　児童虐待の重症度等と児童相談所・市区町村・学校の役割

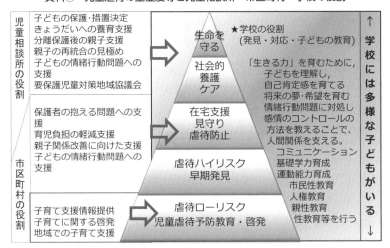

出典：厚生労働省雇用均等・児童家庭局総務課（2013）『子ども虐待対応の手引き（平成25年8月改正版）』http://www.mhlw.go.jp/seisakunitsuite/bunya/kodomo/kodomo_kosodate/dv/dl/120502_11.pdf（2018年4月30日閲覧）より筆者作成

第12章

外国につながる子ども

┌─ キーワード ─────────────────────────┐
外国につながる子ども，多様性，マイノリティ
└──────────────────────────────────┘

はじめに

　日本の学校教育は「日本国籍」の子どもあるいは「日本語話者」を前提として組み立てられている。しかしながら国際化やグローバル化の結果として日本国籍ではない子ども，日本語を用いない子どもの存在が次第に増加している。こうした「外国につながる子ども」が日本の学校で学ぶ際に抱える教育上の課題と困難について検討する。そして，かれらの困難を学校や教育行政そして地域社会がどのように支えるのか，考えてみたい。

第1節 ｜ 「外国につながる子ども」とは

1. 在留外国人数の増加と多様化

　本章では，外国籍の児童生徒，そして日本国籍でありながら外国籍の親をもつ児童生徒を「外国につながる子ども」と呼ぶこととする。まずは日本に長期滞在する外国人について概観しよう。**図12.1**として示すのは，1990年以降の在留外国人数の推移である。この図からもわかるとおり在留外国人数は過去約30年間で3倍近く増加している。

　国籍別に見てみると，かつて多くの割合を占めていた韓国・朝鮮が漸減する一方で，2021年現在では中国が最も多くの割合を占めている。また，フィリピンは安定してその数を増しており，ブラジルも2005年から2015年にかけて一時その数を減らしたものの，その数は大きな増減もなく推移している。加えて

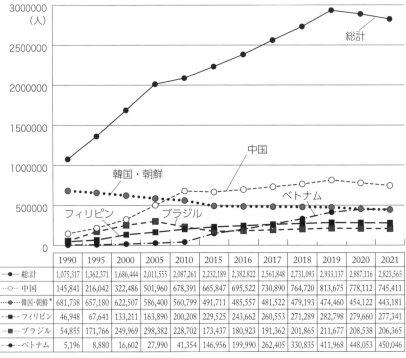

図12.1　在留外国人数の推移

	1990	1995	2000	2005	2010	2015	2016	2017	2018	2019	2020	2021
総計	1,075,317	1,362,371	1,686,444	2,011,555	2,087,261	2,232,189	2,382,822	2,561,848	2,731,093	2,933,137	2,887,116	2,823,565
中国	145,841	216,042	322,486	501,960	678,391	665,847	695,522	730,890	764,720	813,675	778,112	745,411
韓国・朝鮮*	681,738	657,180	622,507	586,400	560,799	491,711	485,557	481,522	479,193	474,460	454,122	443,181
フィリピン	46,948	67,641	133,211	163,890	200,208	229,525	243,662	260,553	271,289	282,798	279,660	277,341
ブラジル	54,855	171,766	249,969	298,382	228,702	173,437	180,923	191,362	201,865	211,677	208,538	206,365
ベトナム	5,196	8,880	16,602	27,990	41,354	146,956	199,990	262,405	330,835	411,968	448,053	450,046

＊2021年は6月末現在の数値。それ以外の年は12月末現在における数値
出典：法務省「登録外国人統計」「在留外国人統計」より筆者作成

2010年以降急速にその数を増しているのがベトナムであり，2021年時点での人数は2010年末現在の10倍以上となっている。紙幅の関係上すべてを図表に示すことはしないものの，在留外国人の増加とともに国籍の多様化が進んでおり，今後ますますグローバル化が進展するとともに，多様な外国人が長期にわたって日本に在住するケースが増加することが予想されるのである（国立社会保障・人口問題研究所 2018：25）。

2.　国際移動の背後にあるもの

　なぜ日本に在留する外国人の数が増加しているのだろうか。その原因を特定

するのは困難ではあるが，私たちが留意しなければならないのは，国際的な人の移動は，政治経済上の構造変動に大きく影響を受けているという点である。

　たとえば「オールドカマー」と呼ばれる在日コリアンの人々である。かれらはかつての日本政府による植民地政策の影響とその後の朝鮮半島の政治的変動から日本への在留を余儀なくされた。その中で多くの偏見・差別と闘いながら2世，3世と世代が継がれてきた。また，元中国残留孤児とその家族についても，かつての戦争とその後の日本政府の政策のあり方がかれら自身それぞれの人生に大きな影響を与えている。私たちの社会には移動を余儀なくされた人々に対する差別や偏見が根強く残っている。こうした差別や偏見を克服するためにも，人々の移動の背後に横たわる政治的・経済的背景や社会構造の変動について知識と理解を積み重ねることが求められる。

　このことは今日においても重要である。たとえば1980年代後半以降に多く流入してきたいわゆる「ニューカマー」と呼ばれる人々も，その背後には日本における単純労働者の人材不足とそれを招いた日本社会の産業構造の変動がある。かねてより「移民」を否定する日本政府は，国内における人材難を打開するために，1990年に「出入国管理及び難民認定法」を改正し，かつて中南米を中心に移民した日本人の子である日系人に対して特別に就労の制限を撤廃することで対応しようとしたのである。確かに南米から出稼ぎにやってきたのはかれら個人であるが，その背後には，日本社会における人材難と出身国における経済的不況や就職難といった，かれらを日本に引き寄せあるいは押し出す構造が存在する。

　もう一つ考慮したいのはジェンダーによる影響である。日本に長期滞在する外国人は，特定の国の特定のジェンダーに偏った流入が見られる傾向が強い。これはかれらが日本で就業する仕事と深く関係する。たとえば1980年代には多くのフィリピン人が来日したがそのほとんどが女性であった。彼女たちは「興行」という在留資格による滞在であったが，その労働現場はフィリピンパブといった風俗産業での就労が多く見られ，過酷かつ劣悪な環境の下での就労が問題視されることが少なくなかった。今日興行ビザによる入国は厳しく制限され

ているが，外国人が日本で何らかの労働に就こうとする場合には，最初から性別による仕分けが構造的に存在していることに注意する必要がある。こうした構造の背後には女性をはじめとした弱者に対する搾取が潜在している可能性が高く，多くの問題を孕んでいる。最近急増している「技能実習生」の背後にも同様の構造が存在する。

　短期的な海外旅行とは異なり，自分の生まれた母国を離れ，言語も文化も異なる地で生活の糧を得ながら生活基盤を築くことは，大変な労力とコストとリスクを抱える行為である。それでもなお母国よりも異国での生活を選択するということは，その背後にそうした決断をせざるを得ない事情があるものと考えられる。したがって，在留外国人の増加は単なる個人的な選好の問題というよりも，個人にそうした意思決定を迫る構造変動の結果としてとらえる視点が求められる。ましてや，かれらの子どもの来日に関しては，子ども自身の意思決定によるものではなく，親たちの意思に従属する形で「移動させられている」という観点が不可欠である。自らの意思にかかわらず強制的に移住させられた子どもたちの教育をいかに保障するのか，ということが，外国籍児童生徒の教育を考えるうえでの基本的な視座である。

第2節 ｜ 学校教育制度からみた外国につながる子ども

1.「外国人学校」

　日本に長期滞在する外国人の増加に伴って問題となるのはかれらの子どもの教育である。外国籍の子どもが日本で学校教育を受ける場合，二つの方法が考えられる。一つは外国人学校への通学である。日本の外国人学校は法制度上「私塾」と同等とされ，正式な学校法人としての位置づけをもたない場合がほとんどである。このため日本でより高度な教育段階に進学しようとする際に学歴の証明を求められた場合，その証明が認められない可能性もある。外国人学校は，将来そこに通う子どもが母国に帰国した際に，母国で受けることができたはずの教育を補い，母国での進学等に備えることを前提としている。

また外国人学校を開設しているのは，比較的経済的に恵まれた国に限られている。しかも学校が開設されている場所は大都市圏やその国の出身者が集中する集住地域に集中している場合がほとんどである。このため地方に在住する外国籍の子どもは外国人学校に通うことが難しい。

2. 日本の公立学校への入学

　外国籍の子どもが学校教育を受けるもう一つの方法は，日本の学校に入学することである。その場合注意を要するのは，法制度上の問題である。

　たとえば憲法第26条は，「すべて<u>国民</u>は，法律の定めるところにより，その能力に応じて，ひとしく教育を受ける権利を有する。2 すべて<u>国民</u>は，法律の定めるところにより，その保護する子女に普通教育を受けさせる義務を負ふ。義務教育は，これを無償とする。」としている（下線部筆者）。また教育基本法でも同様の記述がある（第4条，第5条）。ここで問題となるのが「国民」の要件であるが，憲法第10条を受けた国籍法第2条及び第3条によれば，ある者が日本国籍を取得できるのは，父または母が日本国民である場合，あるいは日本国民である者が父または母として認知した場合に限られる。このため，単に日本国内に生活の拠点を構えることは「国民」の要件とはならないのである。したがって，憲法第26条や教育基本法を文字通りになぞれば，日本の教育行政には「国民」ではない外国籍児童生徒の教育を受ける権利を保障する義務は生じないのである。

　このため，外国籍児童生徒の場合，義務教育の学齢期にあっても法制度上は義務教育の対象とはならない。法制上から見た場合，日本の学校教育制度は「国民」に対してその教育を受ける権利を保障する義務を定めているに過ぎないからである。日本国籍をもち住民登録をしている子どもであれば，通常義務教育を受ける年齢に達する前に市町村の教育委員会によって就学事務が行われ，学齢簿の作成や就学時の健康診断，就学の通知等が行われるが，外国籍児童生徒はこれらの事務の対象ではない。

　一方，国連による「経済的，社会的及び文化的権利に関する国際規約（A規

約）」（日本政府は1979年批准）ではその第13条において「一　この規約の締約国は，教育についてのすべての者の権利を認める。」と定め，第二項以下初等教育の義務化と無償化，中等教育の無償化と機会提供が求められている。

さらに「子どもの権利条約（児童の権利に関する条約）」（1994年批准）ではその第28条において(a)初等教育の義務化及び無償化，(b)中等教育の奨励と必要な援助の提供，(c)高等教育機会の提供，(d)教育及び職業に関する情報と指導の提供，(e)定期的な登校及び中途退学率の減少の措置を図ることが定められている（第7章参照）。

外国籍児童生徒が公立学校等の日本の学校教育を受ける法的な根拠は憲法や教育基本法ではなく，国連の社会権規約や「子どもの権利条約」に依拠する。実質的には，外国籍の子どもに対しても日本国籍の子どもと同等の教育権保障が行われてはいるものの，外国籍児童生徒に対する制度的な教育権保障は理念よりも実態を後追いする形で対応が図られている感が否めない。また自治体においても取り組みに差がみられる。

第3節 ｜ 外国につながる子どものマイノリティ性と周辺性

1.　公立学校に学ぶ外国につながる子どもの状況

学校基本調査によれば，2021年度現在，日本の小・中・高等学校に在籍する外国人児童生徒数は約12万人であるとされる。図12.2は，過去15年間の外国人児童生徒数の推移について，学校種別ごとに示したものである。これによると小学校では過去15年間で徐々にその数を増しており，7万5千人を超えている。中学校の生徒数も徐々に増加し，2021年には3万人に迫ろうとしている。高校についても1万5千人を超えるまでに増加している。

中学校の就学期間は小学校の半分であるから，単純に計算して小学校の外国籍児童の数の約半数が中学校の外国人生徒の数と考えられる。母国への帰国等も考慮すれば，図12.2で示した棒グラフの数値から，小学校から中学校への進学が概ね達成できていることが推測できる。一方，高校段階の人数が中学校の

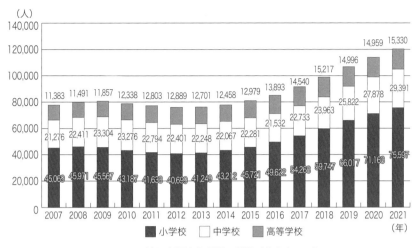

（人）

| | 2007 | 2008 | 2009 | 2010 | 2011 | 2012 | 2013 | 2014 | 2015 | 2016 | 2017 | 2018 | 2019 | 2020 | 2021 |

高等学校: 11,383 / 11,491 / 11,857 / 12,338 / 12,803 / 12,889 / 12,701 / 12,458 / 12,979 / 13,893 / 14,540 / 15,217 / 14,996 / 14,959 / 15,330

中学校: 21,276 / 22,411 / 23,304 / 23,276 / 22,794 / 22,401 / 22,248 / 22,067 / 22,281 / 21,532 / 22,733 / 23,963 / 25,822 / 27,878 / 29,391

小学校: 45,069 / 45,971 / 45,567 / 43,187 / 41,638 / 40,699 / 41,249 / 43,212 / 45,721 / 49,622 / 54,268 / 59,747 / 66,017 / 71,168 / 75,597

■ 小学校　□ 中学校　■ 高等学校　（年）

図12.2　外国人児童生徒数の推移（小中高のみ）

出典：文部科学省（2022a）

生徒数よりも1万人ほど少なくなっている。今日の日本における高校進学率が98.8％（2020年現在[(2)]）であることを考えれば，高校在籍者は中学校在籍者とほぼ同数の人数が示されてもおかしくはない。この背景には，出身国への帰国や中途退学が考えられるところであるが，いずれにしてもこれらの数字からは，外国籍の生徒にとって高校進学が大きな関門となっていることが推測できる。

2.　「日本語指導が必要な児童生徒」

　ところで，外国籍児童生徒のすべてが日本語指導を必要としているわけではない。外国籍であっても日本生まれである場合や，日本語教育をとくに必要としない者も少なくないからである。文部科学省は1991年から「日本語指導が必要な児童生徒の受入状況等に関する調査」を実施している。その結果について，2006年以降の推移を図12.3として示す。ここからも明らかなとおり，日本語指導が必要とされる外国籍児童生徒は年々増加傾向にあり，2021年度時点では小中高で約4万7千人の児童生徒に対して日本語指導が必要と報告されている。

　加えて，外国で生まれた帰国生徒の場合や，国際結婚家庭に育ち家庭内言語が

図12.3　日本語指導が必要な外国人児童生徒数の推移（小中高）

出典：文部科学省（2022a）

日本語ではない場合には，日本国籍であっても日本語指導が必要とされる場合がある。図12.4には，こうした日本語指導が必要な日本国籍の児童生徒数の推移を学校種別に示した。2021年度において示された人数は全体としては約1万と比較的少数ではあるものの，注目すべきはその増加の速さであり，2006年と比較して約2.7倍の増加を示している。日本国籍者であるということは，教育行政が該当する日本国籍者の教育権を保障する義務を負うということを意味する。

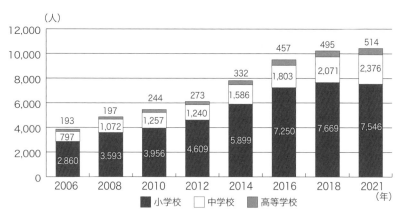

図12.4　日本語指導が必要な日本国籍の児童生徒数の推移（小中高）

出典：文部科学省（2022a）

すなわち，これまで日本の学校教育が暗黙の前提としてきた「日本人」＝「日本国籍」＝「日本語話者」という前提が急速なグローバル化によって修正を迫られていることを示している。これは近代公教育の重要な側面である「国民教育」という観点に照らし，「国民」の定義とは何かという根本的な問題を提起する。

3. マイノリティ性と周辺性

　もう一つ，外国につながる子どもたちの学びについて認識しなければならないのは，かれらのマイノリティ性と周辺性である。図12.5として示すのは，日本語指導が必要な外国籍児童生徒の在籍人数別の学校数である。ここから明らかなことは，外国籍児童生徒が学校に1人または2人に限られるケースが全体の半数以上を占めているということである。外国人集住地域の学校では，ある程度まとまった数の在籍が見られる場合があるが，それはむしろ稀なケースである。一般的に外国人児童生徒はまったく異なる言語文化環境のもと，極めて孤独な状況の中で日々の学校生活を送っていることが推測できる。そのマイノリティ性ゆえに，個々の外国につながる子どもは必然的に周辺化されやすい。周辺化の端的な例は外国籍児童生徒の学校における「おとなしさ」である。かれ

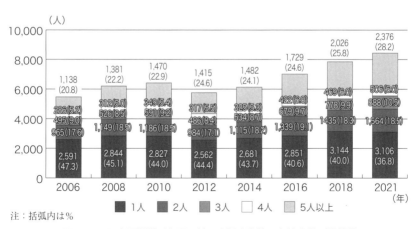

注：括弧内は％

図12.5　日本語指導が必要な外国人児童生徒の在籍人数別学校数
出典：文部科学省（2022a）

らは大抵の場合，学校 (学級) の中であまり大きな声を上げず，じっと耐えるように過ごしていることが多い。国際教室や学校外の支援教室では実に元気良く快活に振舞っている子どもであっても，日本人が多数を占める学校では驚くほどおとなしく，周囲との接触を可能な限り回避しようとしている様子が見受けられる。かれらの多くは授業等における先生からの「わかる？」という問いかけに「わかる」と答える。それは「わからない」と答えると，どこがどのようにわからないのか，改めて日本語で説明しなければならないからである。したがって，教授者はその子どもが質問の内容を (あるいは学習内容を) 本当に理解しているかどうかは，より注意深く観察して判断する必要がある。

　筆者はここに現代学校教育の重要な課題を見出す。これからの日本社会がグローバル化のもとでその多様性を増していくときに，こうした少数者の小さな声をどのように汲み上げるかということが，多様な社会的背景を有する個人から構成される民主的な社会を目指すときに必要とされると考えられるからである。このことは国籍に限ったことではない。障がいの有無や程度，性別や民族，社会的出自の違いなど，さまざまな背景をもつ人々がそれぞれ利用できる資源を増しつつ連携しながら豊かな社会生活を送るためには，互いの多様性を認めるところから始まるはずである。少数であることが，全体の意思決定の中でその要求を無視される理由とされてはならないのであり，一人ひとりの多様性を大事にしていくことが，教育現場に求められるのである。それは取りもなおさず，教員一人ひとりの教職に対する自覚と力量に直接関わることなのである。

第4節　外国につながる子どもの学びの実際

1.　言語の獲得と母語保持

　では日本の学校で学ぶ外国につながる子どもたちが具体的にどのような困難や課題を抱えるのか考えてみよう。

　外国につながる子どもが日本の公立学校で学ぶ際に，まず大きな課題となるのが日本語の習得である。日本語は英語のようにアルファベットだけではな

く，ひらがな，カタカナに加え，漢字の習得も求められる。とくに漢字の習得は教科を学習するうえでの前提とされるため，小学校3，4年生以降から転入してくる子どもにとっては克服すべき大きな課題となる。

その一つが「学習言語」の獲得である。日常生活の中で用いられる「生活言語」は，日本人との生活を送る中である程度習得することが可能である。しかし学習活動において必要とされ，学校の授業の中で用いられる「学習言語」の獲得は，「生活言語」の獲得とは異なる取り組みが必要であり，必ずしも生活言語の獲得と同期しないということは十分配慮すべきことである。「日常会話に支障がなければ，学習面でも大丈夫」という判断にはつながらないのである。

したがって，日本語の指導を行うに当たっては，子どもがどの程度の日本語を習得しているのか，生活言語のみならず学習言語の獲得状況も把握する必要がある。また，言語の獲得はその子どもが置かれた言語状況や生活状況にも大きく左右されるため，子どもの来日経緯や生活上の背景を把握することもまた重要である。

さらに子どもがルーツをもつ国の言語（母語）の保持に対する配慮も重要である。子どもが母語を保持することは，家庭において保護者とのコミュニケーションを維持するうえで極めて重要であるのみならず，子ども自身が自らのアイデンティティを確立するうえで大きな意味をもつからである。

2. 教科の学習における困難

日本語の習得とともに困難を伴うのが教科の学習である。これは日本語の習得にも大きく関連することであり，学年進行に伴って教科書での漢字表記も難しくなるため，教科の内容の理解が一層困難になるケースが少なくない。

加えて，国語や社会科の場合には，出身国の文化や歴史的な背景が全く異なる事柄を学習しなければならない点も，教科の学習を困難にする一因である。

こうした困難を少しでも軽減することを狙って，教科書などの教材や試験の問題文の漢字部分へのルビ振りが行われる場合がある。しかし，たとえば「education」という単語に「エデュケーション」というルビを振って発音がで

きたとしても，「education」そのものが何を指し示すのか理解していなければ意味をなさないように，単純なルビふりだけでは学習そのものが成り立たない。一つひとつの言葉の読み方とそれが用いられる文脈について時間をかけて丁寧に説明することが求められる。

とはいえ，異なる社会や文化で育った子どもにとって，言葉の意味を理解することは容易ではない。それは言葉が指し示すものや事柄についての経験が異なるからである。たとえば「田んぼ」の意味を説明しようとする場合，「田んぼ」を見た経験すらない子どもにどのように説明すればよいだろうか。外国につながる子どもの学習を検討することは，私たちが教科指導において当然のこととして自明視しているあらゆる事柄を根本的に見直すことを迫るのである。

3. 進路選択の重要性

第3節の1．でも述べたとおり，外国につながる子どもたちにとって中学校から高等学校への進学は大きな関門となっている。とくに今日の日本社会，あるいは日本だけでなく近代化された多くの国々において，一定以上の収入が得られる仕事や安定した社会的地位を得ようとする場合には学歴の取得が大きな意味をもつだけに，上級学校への進学も含めた進路選択は極めて重要である。

また子ども本人だけでなく，保護者の教育意識や日本の教育制度に対する理解がどの程度あるかということも重要である。出身国によっては後期中等教育まで無試験で進学できる教育制度であったり，無償の教育制度であったりする場合もあり，日本との制度の違いを理解していないケースは少なくない。

さらには，日本社会への定住を目指すのか否かによって，進路選択も異なる。初等教育は日本で，前期中等教育を出身国で，後期中等教育を再び日本で，という具合に日本と出身国の間を行き来するケースも見られるが，そのような場合にはそれが子ども自身の意思によるものなのか，二つの国の制度間の行き来において時間的なロスは生じないのか，といった点についても配慮する必要があるだろう。とくに言語の獲得度合いと教育内容の習得状況を考慮した際に，二国間での移動に伴うリスクについては慎重に検討する必要があると思われる。

4. 自律性の獲得とアイデンティティの形成

　日本生まれの場合を除いて，ほとんどの外国につながる子どもたちは自らの意思とは関わりなく，親に従属する形で来日している。来日後も親の仕事の都合によって引っ越しや転校を余儀なくされるケースも少なくない。そのような従属的な立場にあっても，その子どもの人生はその子ども自身が切り拓いていかなければならない。基本的な生活環境は親に従属しなければならないが，それとは一線を画して自らの未来を構想する自律性を養わなければ，先に述べた進路選択において支障をきたしてしまう。したがって，その子どもが将来を日本で過ごすのか，出身国に帰国するのかも含めどのような展望をもつのか，小学生の段階から具体的な構想を描かせても遅くはないと考える。そしてこのことは学びの動機づけにも直接影響するのである。

第5節 ｜ 「国民教育」の問い直し

1. 外国につながる子どもの教育に求められること

　アメリカにおける移民の社会適応を複数の世代に跨って研究している A. ポルテス（Alejandro Portes）らによれば，移民第二世代がホスト社会（ここではアメリカ社会を指す）においてどのように適応するかということは親世代がいかなる社会的資源を有しているかということに大きく左右されると指摘する（Portes et al. 2001）。親世代の資源が乏しい場合には，それに代わる社会的な資源を子世代がいかに獲得できるのかということがホスト社会への適応に大きく影響する。

　アメリカの移民の状況をそのまま援用できないものの，日本に照らして考えるのであれば，外国につながる子どもにとって，かれらがアクセス可能な社会的資源の最たるものが学校教育である。学校で理解ある教師に出会い，理解ある友人に出会い，周囲と良好な友人関係を築くことが，かれらの学校卒業後の生活に安定をもたらす重要な要素となる。逆に，学校で十分なケアが行われず，理解してくれる友人もおらず，周囲から孤立した状態では，卒業後の社会生活における困難を克服することが難しくなるだろう。

外国につながる子どもたちの教育に関しては，どうしても「日本語能力」の問題に置き換えられがちであり，多くの場合日本語さえ何とかなればかれらの問題が解決するだろうと思われているように見受けられる。確かに，先述のとおり，日本語習得はしばしば決定的な要素となる。しかしその一方，日本語の習得だけではかれらが具体的な将来展望を描くには不十分であると思われるのである。

　日本語の習得と並んで求められるのは，学校教員や同級生をはじめとする周囲の日本人とのより濃密な関わりと経験の共有である。さまざまな立場の教員がそれぞれにかれらを支え，より多くの友人がかれらとの関わりをもち，さまざまな経験を共有することが，かれらの将来展望を具体的なものにするうえで必要不可欠なのである。

　実はこれらのことはどの子どもにも当てはまることである。ただし，かれらの学びの状況が，日本人以上にかれらの将来に直結した問題である以上，かれらが今後日本社会で何をして生きていくのか，社会のどこに位置づくのか，現実的にかれら自身に考えさせることが，とりわけ必要ではないかと考える。

　繰り返しとなるが，外国につながる子どものほとんどは，親に従属する形で来日しており，自らの意思で来日したわけではない。逆に自らの意思で帰国できるわけでもない。出身国にルーツがあるとは言うものの，さまざまな事情から出身国には帰る場所をもたない子どもも少なくない。そのような子どもたちにとって，これから生きていくのはやはりこの日本しかないのである。

　したがって，日本社会でかれらが主体的に職業や配偶者選択し，自分自身の力で生活を切り拓いていく準備をすることが日本人以上に学校教育に求められる。そのためには，日本語の習得とそれを支える動機づけをいかに行うか，そしてそれをいかに維持していくのか，適切な方法を模索し続ける必要がある。かれらが日本語や教科を学ぶ理由を自らの言葉で自覚した時に，かれらの学びが大きく花開いていくことになると思われる。その時に，かれらにとって学校の教員は最も身近で最も頼りがいのある存在であることを，強く意識してほしいと思う。

2. 「国民」とは誰か，「国民教育」とは何か

　2021年4月，新たな出入国管理及び難民認定法が施行され，新たな在留資格として「特定技能1号」及び「特定技能2号」が創設された。ここではその詳細は省くが，こうした法改正の背景には，日本社会における長期的な人口減少とそれに伴う労働力不足があり，それを補うために外国人労働者の受け入れを拡大させたいという思惑があると考えられる。その結果，今以上に外国にルーツをもつ子どもが来日し，また国際結婚によって外国人を親にもつ子どももますます増加していくこととなるだろう。その際に問われるのは公教育としての根本的な位置づけであろう。

　公教育において外国につながる子どもたちの教育に当たるということは，日本国籍の有無にかかわらず，かれらが将来生活の基盤を築く社会に対して有為な人材を育成するという意味をもつ。その際に「国民」という枠がどのような意味づけをもつのか，「国民」に代わる枠組みが可能かどうか，今一度慎重に検討することが求められるだろう。

おわりに

　急速な少子高齢化を伴う日本社会の人口減少は今後の社会のあり方に今までになかった大きな転換をもたらす。その最たるものがこの章で示した外国につながる子どもたちの増加である。かれら一人ひとりの多様性（個性）を大事にしつつ，豊かで公正な社会を担う市民を育てるためにも，日々の教育実践を支える教員の意識のもち方が極めて重要であることを認識してほしい。

　　　　　　　　　　　　　　　　　　　　　　　　　　　　　　［角替弘規］

● 発展課題 ●
① あなたがこれまで学んできた学校で外国にルーツをもつ友達がいただろうか。もしいたとすれば，その友達とどのように接してきただろうか。
② あなたの身の回りに「外国人学校」があるだろうか。もしあるとしたらそれはどのような「学校」なのだろうか。調べてみよう。
③ あなたが教員になった時，担任のクラスの中に全く日本語が話せない子どもがいた

と仮定する。あなたはどのようにその子どもに対応するだろうか？考えてみよう。

····· **お薦め映画** ···

① 井筒和幸監督（2004）「パッチギ！」（発売・販売元：株式会社ハピネット）

　　昭和40年代の京都を舞台に「日本」と「在日」の高校生の間に繰り広げられる喧嘩や恋愛を通し，韓日の間に横たわる社会の溝が見事に描き出されている。

② 津村公博・中村真夕監督（2012）「孤独なツバメたち～デカセギの子どもに生まれて～」（発売元（株）ティー・オーエンタテインメント）

　　静岡県浜松市に生きる日系ブラジル人の青年たちの青春群像。かれらの教育，就業，結婚などを巡る現実が日本とブラジルの行き来の中で描き出されていく。

注

(1) 志水他（2014）によれば，「外国人学校」とは正式な名称ではない。また法令上も確固たる定義がないとのことである。本書で「外国人学校」と指すのは，原則的に日本国籍以外の児童生徒を対象に出身国の言語によって教育を施す施設としたい。「外国人学校」としての法令上の定義が明確でないという点にも，この国の外国人に対する姿勢を垣間見ることができる。

(2) 文部科学省（2022）による。値は通信制課程，定時制課程への進学者も含む。

引用・参考文献

国立社会保障・人口問題研究所（2018）『日本の将来推計人口―平成29年推計の解説及び条件付き推計―』人口問題研究資料第337号.

志水宏吉・中島智子・鍛冶致編著（2014）『日本の外国人学校　トランスナショナリティをめぐる教育政策の課題』明石書店.

法務省「在留外国人統計」（旧登録外国人統計）各年版.

文部科学省（2022a）「日本語指導が必要な児童生徒の受入状況等に関する調査（令和3年度）の結果（速報）について」http://www.mext.go.jp/b_menu/houdou/31/09/1421569_00003.htm （2022年5月8日閲覧）

文部科学省（2022b）「文部科学統計要覧（令和3年版）」http://www.mext.go.jp/b_menu/toukei/002/002b/1417059_00006.htm （2022年5月8日閲覧）

Portes, A. & Rumbaut, R. G.（2001）*LEGACIES : The Story of the Immigrant Second Generations*, The Univ. of California Press.（＝2014, 村井忠政訳『現代アメリカ移民第二世代の研究―移民排斥と同化主義に代わる「第三の道」』明石書店）.

地域社会と教育

　文部科学省は「コミュニティ・スクール」について，「学校と地域住民等が力を合わせて学校の運営に取り組むことが可能となる『地域とともにある学校』への転換を図るための有効な仕組み」と位置づけて積極的な拡大策をとっている。

　この「地域とともにある学校」という標語は，近代化がここまで進んだ日本社会においてはある種の皮肉とも言える。なぜ「皮肉」なのか。

　近代社会はそれまでの「身分」や「生まれ」といった属性主義によって人を配置する社会ではなく，何ができるのかを問う能力主義によって人材を登用することを基本原理とするが，この能力主義を貫徹するに当たって地域社会と人々の意識に潜在する因習や慣習が大きな障害となった。この障害を排除するうえで大きな役割を担ったのが学校教育である。学校は子どもに近代的自我を植え付け，「学力」で能力主義的に評価し，中央集権化した近代国家日本の経済成長に重要な人材を送り込む重要な「配分装置」として強力に作用した。明治期以降，日本は世界的にも稀な経済成長を達成したが，その結果として，今やかつての村落共同体としての「地域社会」はほぼ姿を消した。言わば学校が地域を葬ったのである。

　それが今日，「地域とともにある学校」が求められるようになった。学校が地域とともにあることが政策的に求められるほど，地域と学校の乖離が進んでしまったということでもあるが，これは日本社会の行く末を占う重要な施策である。

　急速に人口減少が進行する地方自治体（しかし結局は首都圏も含めた日本全国においても同じであるが）にとって，学校は若い世代を地元に繋ぎとめる最後の砦になりつつある。かつて子どもに立身出世を説き，都会で一旗揚げることを範とした学校教育のベクトルを180度転換し，自分を生み育てた地域を守り，地場産業を支える人材を供給する役割が求められるはずである。また少子高齢化，階層化，外国人の流入等にも対応し，公教育としてかれらの教育ニーズにしっかりと応えられる教育内容への転換が求められるだろう。

　では，改めて「地域社会」とは何だろうか。

　「地域」という言葉そのものが，語感として学校が立地する土地そのものと，その周辺区域をイメージさせやすいことから，「地域」＝「学区」として限定的にとらえられがちなのではないだろうか。また文字通り地域住民の協力を得て，登下校の見守り活動や図書室での読み聞かせ活動，または伝統芸能の伝承活動といった活動を取り入れている学校も少なくなく，まさにそうした取

り組みにおいては「地域」＝「学区」というとらえ方になることも必然である
といえるだろう。

　しかし現代社会の産業経済活動は，第6次産業ともいわれるように，製造・
流通・販売といったさまざまな仕事が複雑に入り組み，「地域」の枠を超えた
想像以上の広がりの中で行われていることもまた事実である。大都市圏であ
るかどうかにかかわらず，今や人々は市境・県境を日常的に超えて通勤・通学
をしている。学校近隣の企業や店舗には，学区外からさまざまな人々が訪れ，
荷物が搬入され搬出される。そうしたつながりは国境を超えて海外につな
がっている場合もある。すなわち，今日の「地域」は，「地域」に限定される
のではなく，日本国中，そして世界中のあらゆる地域とつながっているのであ
る。

　したがって，「地域社会」とは学区に居住する地域住民だけではなく，学区
内に存在する企業や商店，関係省庁，およそありとあらゆる人々の集合体とな
るはずである。年齢・性別・国籍・人種・民族・業界・利害関係等，ありとあ
らゆる多様性を包含した共同体が「地域社会」ではなかろうか。そうした時に
学校が地域社会とともに教育的ベクトルを揃えていくことは，実は極めて複
雑かつ難しい課題である。しかしそれはかつて地域を葬った学校の背負うべ
き「宿題」ともいえるだろう。学校そしてそれを率いる校長の知恵が試されて
いる。　　　　　　　　　　　　　　　　　　　　　　　　　（角替弘規）

第13章

多様な性を生きる子ども

> ── キーワード ──
>
> 多様な性，異性愛規範，性自認，性的指向，交差性（インターセクショナリティ）

はじめに

　制服のスカートを着るのがいやで学校に行けない，という子どもがクラスにいたとき，あなたが教師なら，どう対応するだろうか。つい，順応しないわがままな生徒，あるいは厄介な生徒だと思いはしないだろうか？　あるいは「まず病院に行ってくるように」と言ったりしないだろうか？

　教育には，社会の秩序を教えるという側面と，社会に存在する課題を発見し解決へ導く能力を育む，という二つの側面がある。どちらも子どもが成長して社会の一員として生きていくためには欠かせない。人工知能（AI）が急速に発展して人々の仕事が変化を迫られ，また人や物・情報が世界をかけめぐる状況の中で，教育におけるその二つの側面は依然として重要であるが，その内容，とりわけ後者の内容について変化が求められている。グローバル社会で生きる私たちにとって，多様な性について考えることは，教員など人に接する職業にとくに必要な知識・スキルであるが，それにとどまらず，教育の意味やあり方を深くとらえ直し，未来へと生きる力を磨く契機でもある。

第1節 ｜ 世界の教育動向とセクシュアリティ教育

　世界の教育は大きな転換期にある。OECDは2030年に生きる人々に必要な教育とはどのようなものかを検討し，2018年に「教育とスキルの未来：Education 2030」（OECD教育2030）を発表した。そこで「世の中を変える力を

もち，周囲にプラスの影響を与え，他の人の意図や行動や気持ちを理解し短期的または長期的な影響を予測できる力」を「生き延びる力」として提唱し，児童生徒だけでなく，教師・保護者等に対してもこの力をつけ，学び続けることを求めている。なお，「生き延びる力」は，「新しい価値を創造する力」「緊張とジレンマの調整力」「責任をとる力」の3項目に分類される。文部科学省が新しい学習指導要領で，「主体的・対話的で深い学び」を提唱し，そのためにアクティブ・ラーニングを重視しているのも，こうした動きに呼応してのことだ。

　そうした中で，ジェンダーやセクシュアリティに関する教育も大きく変わりつつある。ユネスコは2018年に『国際セクシュアリティ教育ガイダンス』を改訂した。このガイダンスでは，「普遍的価値と人権を基礎にした明瞭で十分に詳しい科学的基盤に基づいたセクシュアリティ教育」を目標としており，1.人間関係，2.価値観，人権，文化，セクシュアリティ，3.ジェンダーの理解，4.暴力と安全確保，5.健康とウェルビーイング（幸福）のためのスキル，6.人間のからだと発達，7.セクシュアリティと性的行動，8.性と生殖に関する健康，という八つのキーコンセプトから組み立てられている。たとえば1.の人間関係では，1.1家族，1.2友情，愛情，恋愛関係，1.3寛容，包摂，尊重，1.4長期の関係性と親になるということ，の4項目から成る。さらに各項目ごとに，レベル1（5〜8歳）からレベル4（15〜18歳以上）まで年齢に応じた4段階の学習目標を設定している。セクシュアリティの基盤となる，人間関係，人権なども含めた包括的な枠組みとなっている。「多様な性」について特定の章や項目があるのではなく，それぞれの内容に応じて体系的に，性的マイノリティにあたる児童生徒もそうでない児童生徒も，学ぶ仕組みとなっている。

第2節 ｜ 教師と多様な性

1.　性の4要素とLGBTの社会的位置づけの変遷

　多様な性を理解するためには，性の4要素を理解することが欠かせない。性は，生物学的性（性染色体，生殖器など），性自認（自分の性別をどう認識している

注：左側の図は https://www.genderbread.org/ より引用

図13.1　多様な性・性の4要素

出典：岩本（2018：39）より作成

か），性的指向（恋愛や性愛の対象となる性別），性表現（服装や髪型，言葉づかいな
ど）の四つの要素からとらえることができる。これらの組合せで，一人ひとりの
多様な性が構成され，ある組合せは性的マジョリティとされ，別のある組合せ
は性的マイノリティとされる。[(2)]

　異性を愛するのが正常であるとする異性愛規範（ヘテロノーマティビティ）や，
性別を男女のみであるとする性別二元論が強い社会では，それらに合わない，
同性愛やトランスジェンダーは異常とされ，ホモフォビア（同性愛嫌悪）・トラン
スフォビア（トランス嫌悪）をもたれ，社会的に排除や疎外を受けてきた。

　同性愛やトランスジェンダーについての社会の位置づけは大きく変化してき
た。同性愛やトランスジェンダーは，歴史的に日本も含めさまざまな社会で存
在してきた。しかし西欧では，同性愛は，中世には宗教的罪とされ，後に法律
上の犯罪，精神疾患（病理化），脱病理化という道筋をたどってきたことをコン
ラッド（P. Conrad）とシュナイダー（J. W. Schneider）（2003）は示している。日
本では歴史的にこれらは宗教的罪ではなく，法律上の罪であったことも明治初
期のごくわずかの期間でしかなかったが，差別や偏見が，また病気や趣味と
いった誤解が根強く残っている。

　1990年に世界保健機関（WHO）は「同性愛」を精神疾患から外し，1995年に

日本精神神経学会も「同性愛は精神病理でない」とした。しかしトランスジェンダーについては，これまで医療の側からはその一部が精神疾患の一種であるGender Identity Disorder（性同一性障害）として位置づけられてきた。日本では世界の動向とは異なり，1990年代から急速に「性同一性障害」が「普及」し，病気という認識が広がったのである。一方で，世界では2018年に世界保健機関（WHO）の国際疾病分類が大きく改訂され，性同一性障害は削除されて，新たに設けられた「18. 性の健康に関連する状態」の中の，Gender incongruence（仮訳名は，性別不合）になった。世界の当事者の要望と研究成果を踏まえた結果であり，精神疾患から外したことによるスティグマの軽減とケアの充実を意図しての改訂である。

2.　学校教育における多様な性

　2018年3月，高等学校学習指導要領が改訂・告示されたがそれに先立ち，2月に改訂案が公表された。改訂案では，LGBTなどの性的マイノリティが学校にいることを想定した記述は一切なかった。次の二つの文章は，その案に対するパブリックコメント（公開の意見募集制度）に寄せられた当事者の意見の一部である。

　　私はゲイです。(略) 自分の性的志向（ママ；以下同）を肯定するためには，周りの環境も大きく影響すると思います。私は学生生活（小中高）の中でとても苦しい思いをしてきました。(略) 小学校や中学校・高校で性的志向について学ぶ機会があれば，自分の心は多少なりとも救われていたと思います。高校の学習指導要領に性的少数者の記述を求めます。自分のような性的少数者の子どもたちが少しでも苦しみが和らぐことがあればいいと思います。

　　学校教育で性的マイノリティに関する「性の多様性」についての指導を求めます。私は性同一性障害で，(略) 高校時代は (略) 自傷行為を繰り返していました。誰にも相談できず，自分が性同一性障害であるかもわからず，ひたすら死にたいと思っていました。／今では言葉を知り，当事者に会い，ロールモデル

図13.2　大阪市淀川区作成人権啓発展示パネル

出典：淀川区ホームページhttp://www.city.osaka.lg.jp/yodogawa/page/0000379569.html
　　　（2018年8月10日閲覧）より引用

を獲得することで幸せに生きています。私のような人が増えないためにも，情報保障や人権教育の視点からも性の多様性に関する学習の機会を求めます。

　また，大阪市淀川区の人権啓発展示パネルには，当事者の声が掲載されている（図13.2）。

わたしは女の子
なんで学ランを着ないとあかんの？
自分の望む制服を選べたらいいのになぁ
　　10代　阿倍野区　トランスジェンダー

「女みたいな話し方やなー」ってからかわれた
僕は学校でひと言も話せなくなった
「そんなんアカンよ」って，誰かが言ってくれたら，少しは楽だったかも…

10代　浪速区　ゲイ

　こうした声や要望の背後には，性的マイノリティが，多くのいじめ被害を受けたり，不登校・自傷行為に陥るという深刻な状況がある（日高 2018）。
　これまで多くの要望が寄せられているにもかかわらず，改訂された最新の小・中・高等学校の学習指導要領でも，多様な性について，いずれもまったくふれられていないままである⁽³⁾。しかし，学校指導要領は大綱という位置づけであり，教育内容の詳細は，その枠内で各学校や検定済み教科書にゆだねられている。2018年度から使用中の高等学校の家庭科や世界史，政治経済，英語の教科書の一部に，また2019年度から使用される中学の道徳については半数の社の教科書に，多様な性に関する題材が載っている。一方で文部科学省は2016年に「性同一性障害や性的指向・性自認に係る，児童生徒に対するきめ細かな対応等の実施について（教職員向け）」という通知を出し，各学校・教職員がこれにそった対応をするよう促している。これはどのように理解したらよいのであろうか。渡辺大輔（2017）はそこに至る動向を整理し，性的マイノリティの子どもたちへの教育的支援は，人権，障害者支援，いじめ・自殺予防の三つの文脈から求められ，とくに第二，第三の影響が大きいとしている。すなわち，弱者救済という面だけが強調され，マジョリティの子どもたちも含めた，一人ひとりの「多様な性」の尊重という，人権と平等に即した視点が不十分となっている⁽⁴⁾。

3.　教師に意識されにくい性的マイノリティ

　三重県男女共同参画センターと日高庸晴（2018）の高校 2 年生 1 万人を対象にした大規模な調査によれば，LGBT の当事者層が10％であった。詳しく分類すると，その内訳（それぞれ全体に対する割合）はゲイ 0.3％，レズビアン 0.5％，バイセクシュアル 1.7％，身体的性と性自認がそれぞれ男・女あるいは女・男である生徒は 0.2％であった。着目されるのは，性自認（心の性）が「男性とも女性とも決めていない」「わからない」「当てはまるものはない」と答えた生徒は 5.0％にのぼることである。これまで性自認が男女いずれかでないケースについては

あまりとらえられてこなかったが，広範に存在することは教員も意識する必要があるだろう。思春期においては，心身の成長の中で，自身の性のあり方について揺れを含んでいる可能性があり，このことを踏まえてとらえる必要がある。

　一つの県の調査ではあるが，三重県は都市から農漁村まで広く含み，全国的な傾向を類推するうえでも注目すべき調査であろう。多様な性について，すべての教師として十分に知っておくべき必要があることを従来以上に示している。

　学校の教員が性的マイノリティの児童生徒を支援するためには，本人の人権を尊重したうえで，その意向を丁寧に汲みとった配慮が必要であると考えられる。ただし，いのちリスペクト。ホワイトリボンキャンペーンが実施した「LGBT の学校生活に関する実態調査 (2013)」によれば，LGBT であることを話した人として，友人は約 5 割にのぼるが，学校の教員は少ない。担任の教師・養護教諭・その他の教師がいずれも 1 割程度であった。子どもたちは担任などの役割にこだわらず，自分の話を最も理解してくれそうな教師を選んで話しをしているととらえられる。アウティング（性的指向や性自認を，本人の了解を得ないで他人に伝えること）にならないよう児童生徒の了解を得たうえで，必要に応じて連携した見守りや支援が必要であろう。

第3節 ｜ 複合差別の課題

　多重のマイノリティ性をもつ人は，交差性（インターセクショナリティ）のために複合差別に直面しやすく，支援からもこぼれ落ちやすくなる（コリンズ 2021）。性的マイノリティの中にも，聴覚障害をもっていたり，海外にルーツをもつなど，さまざまなマイノリティ性をもつ人がおり，それぞれの属性のグループがあっても，その中でさらにマイノリティであるためにそのグループにも性的マイノリティのグループにも参加しにくかったり疎外を感じたりすることがある。ここでは児童養護施設における性的マイノリティの状況と課題について全国調査をもとに考察しよう（藤・岩本・白井・渡辺 2017）。

　ゴッフマン（Erving Goffmn）は「全制的施設」(total institution) という概念を

提起し，施設に収容された人を隔離して生活を統制する種々の施設について考察した（ゴッフマン 1984）。児童養護施設も全制的施設にあてはまる。性的マイノリティ児童は，学校とりわけ修学旅行などの集団行動の際に大きな困難を抱えている。加えて，家庭での養育が困難な子どもたちが暮らす児童養護施設では，下校から登校までの間だけでなく，入浴や就寝などでも集団生活を送るため，その中で過ごす性的マイノリティ児童はより大きな，「毎日が修学旅行のような困難」を抱えている。

　性的マイノリティの児童が「現在いる」と回答した施設は16.4％あり，過去と現在を合わせると45.0％に上った。しかし性的マイノリティ児童の割合からみると職員からそうと認識されない児童も多い。こうした児童は，回答でのべ133名おり，内訳は女児的言動の男児43名，男児的言動の女児44名，同性愛（両性愛）的傾向の男児28名，同女児26名，性分化疾患らしい児童2名，等であった（一部重複）。

　施設環境のうち，寝室のタイプについて低年齢では「相部屋のみ」が多く，年長になるほど，「個室のみ」・「個室と相部屋」（両方），という施設が増える。相部屋の場合の最大人数は，2人から8人まで幅がある。大人数の相部屋や集団入浴などにより，他の人に邪魔されない時間・空間やプライバシーの確保が困難な児童も少なくない。

　子どもへの性教育の内容として，プライベートゾーン，他者の気持ちの尊重，二次性徴については3分の2以上の施設が実施しているが，性の多様性については23.6％と低い。約半数の施設では性的マイノリティや性の多様性についての職員研修が行われておらず，施設（職場）内で職員の学習機会を設けているのは20.5％しかない。

　性的マイノリティ児童の存在は約半数の施設で職員が認識しているものの，職員への研修や環境は施設により差が大きい。全職員への研修やプライベート空間の確保など施設内の改善に加え，アウティングにならないよう留意しつつ，必要に応じて学校教員と施設職員との連携を進める必要がある。児童自立支援施設や少年院等の施設における性的マイノリティの実態は明らかにされて

いないが，同様の対応が必要であろう。

おわりに

　これからの日本の学校教育においては，外国につながる子どもや特別なニーズをもつ子どもへの支援とならび，性の多様性の尊重は不可欠である。学校や教師には，多様な性を生きる子どもが身近に存在することを前提に，そうした子どもたちの人権を十分に尊重した運営が求められる。ただ，本章でみてきたように，日本の学校教育施策の現況を踏まえれば，制度的な整備はまだ十分に整えられておらず，教職員が積極的に果たすべき役割は今なお大きい。このため，教職員および教職課程で学ぶ学生には，性の多様性についての正しい理解と，人権を保障する支援の具体的な手立て(5)について，新しい情報(6)に基づいた一層の学びが求められるだろう。

[岩本健良]

● 発展課題 ●

① 恋愛や多様な性に関する言葉を三つ程度選び，図書館で数冊の辞典（国語辞典・英英辞典等）の説明を比較して表を作り，そこから何が汲み取れるか考察をまとめてみよう。

② アメリカでジェーン・エリオット先生は，クラスの児童を青い目と茶色い目に分けて，差別がいかに理不尽かを子どもたちに実感させる実験授業を行った。この授業の動画「青い目　茶色い目　～教室は目の色で分けられた～」を見て，教師の社会的責任と可能性について考察してみよう。https://www.dailymotion.com/video/xp34v2

　　お薦め図書・漫画

① 田亀源五郎（2015-17）『弟の夫』双葉社〈アクションコミックス〉全4巻

　小学生の娘・夏奈と暮らすシングルファーザー・弥一のもとに，カナダ人男性・マイクがやってくる。マイクは弥一の双子の弟・涼二の結婚相手だった。弥一は内心では同性愛に嫌悪感をもっていたが，夏奈はマイクに興味津々。3人の同居生活が始まる。夏奈のクラスメートや担任の教師とのやりとりにも注目したい。ドラマ化されNHKで放送。

② 特定非営利活動法人ReBit（リビット）・薬師実芳・中島潤（2017）『ふつうってなんだ？：LGBTについて知る本』学研

「LGBTの人たちの気持ち」「みんなが過ごしやすい学校って？」「カミングアウトするとき／受けるとき」などの章があり，教職員など大人にも小学生以上の子どもにも理解しやすく解説。日本で暮らすLGBTの人々の実像も写真付で多数登場。お薦めの絵本や漫画・図書・映画，相談窓口も紹介。

注

(1) ドイツでは「デモクラシーの基本は他者との自由な議論だが，その土壌が小学校から作られる。／また，小学校で「抗議から社会運動までの手順」を学ぶ機会もある。たとえばマンホールから異臭がするという問題があれば，「まず市役所に言う。それで解決しない場合は地元紙の『読者の手紙』へ投稿する。それでもだめなら，社会運動を行う」といった内容だ。／子供向けチャンネルのテレビ番組でも，町の公園に問題があると，子供たちが市長や行政の担当部署に掛け合うというようなことをドキュメンタリー番組で放送している。」（高松2017）

(2) 性自認と性的指向がともに男性である人はゲイ（男性同性愛者），ともに女性である人はレズビアン（女性同性愛者）と呼ばれる。また性的指向が男女両方に向かう人はバイセクシュアル（両性愛者）と呼ばれる。これらは性的指向についてのマイノリティである。トランスジェンダーは，性自認についてのマイノリティであり，出生時に割り当てられた（住民票などの）性別と自認する性別が一致しない（違和感を持つなど）人をトランスジェンダーと呼ぶ。LGBTはこれらの4つの英単語の頭文字を並べたもので，これら以外も含めた性的マイノリティの総称としても広く使われる。近年は，クエスチョニング（性のあり方について特定の枠に属さない人，分からない人，決めていない等の人）や，クィア（規範的とされる性のあり方以外を包括的に表す言葉）など，他の性的マイノリティも含むことを示す総称として「LGBTQ」や「LGBTQ+」が使われることも増えている。

(3) パブリックコメントに対して文部科学省が公開している回答によれば，「「性的マイノリティ」については，今回の改訂においては，保護者や国民の理解，教員の適切な指導の確保，個々の生徒の発達の段階に応じた指導などを考慮し，各教科等の指導内容としては盛り込まれておりません」と，消極的な対応であった。その一方で「総則」で「新たに「生徒の発達を支える指導の充実」に関する項目を設け，「個々の生徒の多様な実態を踏まえ，一人一人が抱える課題に個別に対応した指導を行う」ことなど」を学校と教師に求めている。(https://public-comment.e-gov.go.jp/servlet/PcmFileDownload?seqNo=0000172648，2018年8月10日閲覧)

(4) 佐々木（2016）は，性の多様性を教育で扱う際に，高い人権意識を教員がもつ必要性を強

調している。たとえば道徳の授業で扱う際には，留意すべき点として，性的マイノリティへの同情を喚起して低く位置づけることも，その逆に，性的マイノリティ当事者を不自然に持ち上げることで高く位置づけることも，「対等に見ていない」態度形成につながるとして，指導の際に注意と工夫を促している。

　ある公立中学校では，多様な性について，まず保健体育や家庭・社会など教科の授業では知識面から，次に道徳の授業ではそうした知識をもとに人権の面から教えることで，同性愛嫌悪・トランス嫌悪の意識が一段ずつ低下した（佐々木 2016）。このことは，多様な性を道徳の授業のみで扱うのでは不十分であり，さまざまな教科を通じた教育が重要であることを示している。

(5) 近年，SDGsの目標5「ジェンダー平等を実現しよう」や社会の変化なども踏まえ，制服等を見直し，男女（ほぼ）共通のブレザーへの変更，制服選択制（例：スカートとスラックスを男女とも自由に選べる）の導入，男女混合名簿を積極的に推進する学校や教育委員会が増えている。文部科学省は「生徒指導提要」を12年ぶりに改訂し，新規項目として「性の多様性に関する課題と対応」も加え，2022年夏に改訂版を公表予定である。支援の具体的な手立てについては，葛西（2019）や，「性的指向および性自認等により困難を抱えている当事者等に対する法整備のための全国連合会」（LGBT法連合会）（2019）が監修したガイドラインに整理されている。このガイドラインの「教育」の章では，学校で当事者が直面している具体的な場面ごとに，そこで直面する困難と，対処に際しての考え方，対応策を提示している。具体的な場面としては，① 教室での級友との関係，② 課外活動，③ 学校施設・設備，④ 事務・手続き，⑤ 授業，⑥ 進路指導，⑦ 教職員やスクールカウンセラーへの相談，⑧ 教員養成課程，の八つを挙げている。このガイドラインは，東京都品川区や文京区，熊本市など各地の自治体で活用されたり，独自の指針作成の参考にされている。

　また，保健体育や運動部の部活での具体的支援については，体育科教育編集部（2016）の特集や日本スポーツ協会（2020）のガイドラインで解説している。

(6) 筆者が中心に作成した，「保護者や教師の方たちに役立つ資料」（リンク付き）が，「レインボー金沢」のサイト（https://www.rainbowkanazawa.jp）に掲載されている。

引用・参考文献

「いのちリスペクト。ホワイトリボン・キャンペーン」（2014）「LGBTの学校生活実態調査（2013）結果報告書」https://uploads.strikinglycdn.com/files/e77091f1-b6a7-40d7-a6f2-c2b86e35b009/LGBT学校生活調査.pdf（2018年8月10日閲覧）

岩本健良（2018）「性的指向と性自認」河野銀子・藤田由美子編著『新版　教育社会とジェンダー』学文社.

OECD編，文部科学省初等中等教育局教育課程課教育課程企画室訳（2018）「教育資料 教育とスキルの未来：Education 2030：OECD Education 2030プロジェクトについて」『中等教育資料』平成30年5月号，pp.92-100.

葛西真記子（2019）『LGBTQ＋の児童・生徒・学生への支援』誠信書房.

ゴッフマン，E.著，石黒毅訳（1984）『アサイラム』誠信書房.

コリンズ，P.・ビルゲ，S.著，小原理乃訳，下地ローレンス吉孝監訳（2021）『インターセクショナリティ』人文書院.

コンラッド，P.・シュナイダー，J.W.著，近藤雄三監訳，杉田聡・近藤正英訳（2003）『逸脱と医療化―悪から病いへ』ミネルヴァ書房.

佐々木掌子（2016）「『性の多様性』教育の方向性―人権の視点から」『法律のひろば』2016年7月号，pp.12-19.

性的指向および性自認等により困難を抱えている当事者等に対する法整備のための全国連合会監修（2019）『性的指向および性自認等により困難解決に向けた支援マニュアルガイドライン（第2版）』社会的包摂サポートセンター

高松平藏（2017）「ドイツの小学生が「デモの手順」を学ぶ理由」東洋経済ONLINE　https://toyokeizai.net/articles/-/193857（2018年8月10日閲覧）

中川重徳・横山佳枝・熊澤美帆（2017）「LGBTと子ども―教育現場における問題点（特集LGBTと法）」『法学セミナー』62（10），pp.35-38.

日本スポーツ協会編（2020）『体育・スポーツにおける多様な性のあり方ガイドライン―性的指向・性自認（SOGI）に関する理解を深めるために』https://www.japan-sports.or.jp/medicine/tabid1242.html（2022年5月5日閲覧）

日高庸晴（2018）「LGBTsのいじめ被害・不登校・自傷行為の経験率―全国インターネット調査の結果から」『現代性教育ジャーナル』39，pp.1-7.

ピータース，W.著，白石文人訳（1988）『青い目茶色い目―人種差別と闘った教育の記録』日本放送出版協会.

藤めぐみ・岩本健良・白井千晶・渡辺大輔（2017）「児童養護施設における性的マイノリティ児童の対応に関する調査」『季刊セクシュアリティ』No.83，pp.82-93.

体育科教育編集部編（2016）「特集1　保健体育とLGBTを考える」『体育科教育』64（8）：10-35.

三重県男女共同参画センター・日高庸晴（2018）『多様な性と生活についてのアンケート調査』三重県男女共同参画センター「フレンテみえ」.

文部科学省編（2016）「性同一性障害や性的指向・性自認に係る，児童生徒に対するきめ細かな対応等の実施について（教職員向け）」https://www.mext.go.jp/b_menu/houdou/28/04/1369211.htm（2018年8月10日閲覧）

ユネスコ編，浅井春夫・艮香織・田代美江子・福田和子・渡辺大輔訳（2020）『国際セクシュアリティ教育ガイダンス（改訂版）』明石書店．https://unesdoc.unesco.org/ark:/48223/pf0000374167

渡辺大輔（2017）「『性の多様性』教育の方法と課題」三成美保編『教育とLGBTIをつなぐ』青弓社.

学校教育におけるDX（Digital Transformation）

　2020年の春から始まったコロナ禍は，学校教育にも大きな影響を与えた。それまでの学校教育の大前提であった「対面」での教育が遮断されることになった。しかし，子どもたちの学びを止めることはできない。対面での授業ができない中，空間を超越した一斉授業の手段として，ICTを活用した遠隔教育が注目を浴びることになった。

　折しも，文部科学省によって「多様な子供たちを誰一人取り残すことなく，子供たち一人一人に公正に個別最適化され，資質・能力を一層確実に育成できる教育ICT環境の実現へ」（文部科学省 2020「GIGAスクール構想の実現へ（令和2年度追補版）」）をスローガンに，GIGAスクール構想が提唱されており，2018年度からは，経済産業省が主導する形で，生徒「1人1台」の端末環境を整備する「未来の教室」実証事業が進められていた。この実証事業においては，学校教育で用いるデジタル端末を「文房具」として日常的に使える環境整備を目指したものであり，この流れで，全国の小・中・高等学校に「1人1台」の情報端末が配布される流れとなった。2021年4月において，9割の小・中学校で「1人1台」の配備を終えている。こうした動きは，コロナ禍におけるICTを活用した遠隔教育の受容と相俟って，学校教育の中にも浸透しつつある。

　現在の学校においては，単に「ICT機器を活用した学習」にとどまらず，時間的，空間的な制約を大きく乗り越え，学習そのもののこれまでの在り方自体を大きく変革させる取り組みが出てきている。例えば，筆者が関わっているある離島の中学校では，オンラインで本土の大学とつなぎ，大学の教員がSDGsについて，専門的な内容を分かりやすく説明する授業を受けたり，オンラインで島内の中学校同士を結んでワークショップを実施したりするなど，空間的な制約を超越した学習の取り組みが行われている。こうした取り組みはICT活用を超えた「教育DX（Digital Transformation）」ということができるであろう。

　教育DXには，生徒の状況に合わせた個別最適な学習の提供ができるという利点がある。学習面のみならず，障害のある子どもや外国籍の子どもなど，多様な子どものニーズに合わせた活用が期待できる。また，生徒の成績や出席状況などのデータや教務情報などを一元化して管理できるなど，教師の仕事の効率化にもつながるなど，多くの利点がある。しかし，その一方で，学校における情報インフラの整備や教員の情報機器活用能力のばらつき，生徒の学力格差の拡大，子どもの健康への影響などについて，大きな課題を残している。学校教育，とりわけ義務教育段階においては，教育のDX化を進めつつも慎重な検証を重ね，不断の改善の積み重ねが必要であろう。

（谷田川ルミ）

索　　引

212

216

【執筆者紹介】

奥野 佐矢子（おくの さやこ）（第 1 章，第 2 章，第 2 章 Column）
神戸女学院大学文学部教授。
主要著作：『日常を拓く知 古典を読む 5 うつくしさ』（編著，世界思想社，2021），『新・教職課程演習第 1 巻 教育原理・教職原論』（分担執筆，協同出版，2021）他。

本多 みどり（ほんだ みどり）（第 3 章，第 3 章 Topics ①〜⑤）
帝京科学大学教育人間科学部教授。
主要著作：R. オルドリッチ著『イギリス・ヴィクトリア期の学校と社会―ジョゼフ・ペインと教育の新世界』（訳，ふくろう出版，2013），『教師教育講座第 2 巻 教育の歴史・理念・思想』（分担執筆，協同出版，2014）他。

田渕 久美子（たぶち くみこ）（第 4 章，第 5 章，第 5 章 Column）
活水女子大学健康生活学部教授。
主要著作：「学校における対立の解決と修復―修復的正義の視点からみた学校コミュニティにおける指導の課題」『教育方法学研究』第 44 巻（日本教育方法学会，2019）他。

高橋 英児（たかはし えいじ）（第 6 章，第 6 章 Column）
山梨大学教育学部教授。
主要著作：『新しい時代の生活指導』（共著，有斐閣，2014），『PISA 後の教育をどうとらえるか―ドイツをとおしてみる』（分担執筆，八千代出版，2013），『PISA 後のドイツにおける学力向上政策と教育方法改革』（分担執筆，八千代出版，2019）他。

藤田 由美子（第 7 章，第 9 章 Column，第 10 章）　編者

谷田川 ルミ（第 8 章，第 9 章，第 13 章 Column）　編者

二井 仁美（にい ひとみ）（第 11 章，第 11 章 Column）
奈良女子大学研究院人文科学系教授。
主要著作：『留岡幸助と家庭学校―近代日本感化教育史序説』（不二出版，2010 年），『教員のための子ども虐待理解と対応―学校は日々のケアと予防の力を持っている』（共編著，生活書院，2009）他。

角替 弘規（つのがえ ひろき）（第 12 章，第 12 章 Column）
静岡県立大学食品栄養科学部教授。
主要著作：『日本社会の移民第二世代―エスニシティ間比較でとらえる「ニューカマー」の子どもたちの今』（共著，明石書店，2021），「南米にルーツを持つニューカマー第 2 世代の青年期」『桐蔭論叢』第 32 号（桐蔭横浜大学，2015）他。

岩本 健良（いわもと たけよし）（第 8 章 Column，第 13 章）
金沢大学人文学類 / 人間科学系准教授。
主要著作：『教育と LGBTI をつなぐ―学校・大学の現場から考える』（分担執筆，青弓社，2017），『新版 教育社会とジェンダー』（分担執筆，学文社，2018）他。

【編著者紹介】

藤田 由美子（ふじた ゆみこ）

福岡大学人文学部教授。広島大学大学院教育学研究科教育人間科学専攻博士課程後期修了，博士（教育学）。

主要著作：『子どものジェンダー構築―幼稚園・保育園のエスノグラフィ』（ハーベスト社，2015），『新版　教育社会とジェンダー』（共編著，学文社，2018）他。

谷田川 ルミ（やたがわ るみ）

芝浦工業大学工学部教授。上智大学大学院総合人間科学研究科教育学専攻博士後期課程満期退学，博士（教育学）。

主要著作：『大学生のキャリアとジェンダー―大学生調査にみるキャリア支援への示唆』（学文社，2016），『理系教職のための教育入門』（共編著，学文社，2018）他。

ダイバーシティ時代の 教育の原理　第二版
―多様性と新たなるつながりの地平へ

2018 年 10 月 20 日	第一版第一刷発行
2022 年 9 月 20 日	第二版第一刷発行
2024 年 1 月 30 日	第二版第二刷発行

編著者　藤田 由美子
　　　　谷田川 ルミ

発行者　田中　千津子

発行所　㈱学文社

〒153-0064　東京都目黒区下目黒3-6-1
電話　03（3715）1501㈹
FAX　03（3715）2012
www.gakubunsha.com

© Yumiko Fｕｊｉｔａ & Rumi Yａｔａｇａｗａ 2022
乱丁・落丁の場合は本社でお取替えします。
定価はカバーに表示。

Printed in Japan
印刷　新灯印刷㈱

ISBN 978-4-7620-3134-2